Angeline Bauer

Der Innradweg auf zwei Rä-
dern und vier Pfoten

Ein heiterer Erlebnisbericht mit vielen praktischen Reisetipps

Inhaltsverzeichnis:

Vorwort

Dieses Buch ist ein heiterer Reisebericht, verfasst aus der Sicht eines Hundes. Obwohl der Text sich auf den Inn-Radweg bezieht, gibt er ganz allgemein Tipps für Radfahrer, die allein oder in Begleitung ihres Vierbeiners das wundervolle Abenteuer einer Radwanderung wagen wollen. Das Buch ersetzt keinen Reiseführer mit Kartenmaterial, doch es stimmt sie mit Humor auf Ihren Rad-Urlaub ein und hilft denen, die noch nie auf einer Radreise waren, bei ihrer Entscheidung für oder gegen so einen Trip. Es werden die Strecke und die wichtigsten Sehenswürdigkeiten beschrieben, so können Sie sich schon vorab im Internet informieren und herausfinden, wo Sie Stopps einlegen wollen. Vor allem aber soll dieses kleine Büchlein den Lesern Spaß bringen und Mut zum Radwandern machen!

Der Co-Autor stellt sich vor

Mein Name ist Russel – "Jack Russel". Ich bin ein Hund, und meine Leidenschaft ist das Radfahren. Also nicht, dass ich es selbst tun würde, strampeln und lenken lasse ich natürlich meine Menschen. Doch hinten drauf mitfahren oder daneben herlaufen, das kann für einen Hund schon ein ganz besonderes Erlebnis sein!

Meine Menschen heißen Angeline und René, und sie nennen mich einfach nur Jack. Bevor sie mich bekamen, hatten sie nur große Hunde. Der vor mir hieß Franz, war schwarz und eine Mischung aus Dogge und Riesenschnauzer. Davor hatten sie einen langhaarigen Schäferhund namens Ricki. Und davor … egal. Jedenfalls wollten sie diesmal einen kleineren Hund, weil so viele Leute vor ihren großen Hunden Angst hatten, obwohl die angeblich so lammfromm waren, wie ich.

Als Angeline und René zu meinem Züchter kamen, um mich zu kaufen, schleppte ich gerade einen langen Gartenschlauch über den Hof. Die dachten, ich spiele, aber für mich war das eine ernste Angelegenheit. Ich fand, dass der Schlauch einfach nicht dorthin gehörte, wo er lag. Auf den ersten Blick waren Angeline und René von mir enttäuscht. Sie fanden, ich sei dann doch ein wenig zu klein für sie. "Nein, danke", haben sie gesagt und sind wieder gegangen. Ich habe ihnen ganz ruhig nachgesehen, denn irgendwie spürte ich, die kommen zurück! Was zusammengehört, fügt sich auch zusammen, und dass wir zusammengehören, war mir auf dem allerersten Riecher klar.

So sah ich damals aus

Keine halbe Stunde hat es gedauert, und sie standen wieder vor mir. Ich war immer noch mit dem

Schlauch beschäftigt, denn der Hof war ziemlich groß und ich noch ziemlich klein, gerade mal acht Wochen alt - ich wette, mit acht Wochen haben Sie noch keinen Schlauch irgendwohin gezogen! Angeline hat mich dann auf den Arm genommen, René hat dem Herrchen meiner Ma einige Scheine in die Hand gedrückt, und damit war unser gemeinsames Schicksal verbrieft und besiegelt.

Um nochmals auf meinen Namen zu kommen, richtig genommen müsste ich ‚Jack Russel-Parson-Russel‘ heißen, denn meine Ma war ein ‚Jack Russel‘, mein Pa ein ‚Parson Russel‘. Aber ‚Jack Russel-Parson-Russel‘, das klingt doch ziemlich bescheuert. Mit so einem Namen bräuchte ich mich bei keinem Zuchtverband vorzustellen, die würden glatt von mir behaupten, ich sei ein Bastard! Aber mir ist es egal, Titel, Namen und Stammbücher sind mir schnurze. Bin schließlich kein königlicher Mops, den man hofieren muss, sondern ein gestandener Jagdhund.

Die Bezeichnung Jagdhund durfte ich mir allerdings nicht selbst erwerben, sie steht mir auf Grund meiner Vorfahren automatisch zu. So, wie zum Beispiel, Herr von und zu Gutenberg auch nichts Besonderes leisten musste, um Von-und-zu heißen zu dürfen. Er wurde halt in sein Von-und-zu hineingeboren. Einen Beruf habe ich aber dennoch, wenn auch nicht als Jäger oder in der Politik – ich arbeite hin und wieder als Model.

Trotz Verbots liegt mir das Jagen allerdings im Blut, ich kann es irgendwie nicht lassen. Vor allem Katzen und Raben haben es mir angetan, letztere ganz besonders. Wenn ich eine Katze jage, und sie bleibt plötzlich stehen, okay, bleibe ich eben auch stehen – ich bin für leben und leben lassen. Aber Federvieh, insbesondere schwarzes, so wie Raben oder Amseln, das kann ich einfach nicht ab! Dass die eine Spezies nur laufen, die andere aber auch noch fliegen kann, das finde ich derartig ungerecht!

Ich hatte da allerdings mal ein Erlebnis ... und seither weiß ich, dass Flügel haben, nicht unbedingt gleichbedeutend ist mit fliegen können. Damals war ich am ‚Springer‘ angeleint - das ist so ein Gestänge am Fahrrad, eine Vorrichtung zum Mitführen von Hunden – und trottete gemächlich neben Angeline her. Wir kamen zu einem Bauernhof, dort trieb eine Bäuerin gerade vier schwarzgefiederte Laufenten über die Straße. Angeline blieb extra stehen, damit die Enten die Straße in sicherem Abstand von mir überqueren konnten. Mich ärgerte diese Vorsichtsmaßnahme, aber was soll man machen …

Doch Laufenten sind nun mal doof, und eine von ihnen war ganz besonders doof! Die bog doch tatsächlich nach rechts ab und watschelte so nah an mir vorbei, dass ich einfach bloß zuschnappen brauchte, und schon hatte ich ihren giraffenartigen Hals im Maul.

Das sah etwa so aus: Ihre Füße standen auf der Straße, es folgten ihr Körper und ein Stück von ihrem Hals, dann kam mein Maul, und oben aus meinem Maul ragte ein schnatternder Entenkopf heraus.

Irgendwie waren wir in diesem Moment alle ziemlich perplex, weil keiner von uns mit so viel Entenblödheit gerechnet hatte. Angeline brüllte „NEIN!", die Bäuerin zeterte in einer unbeschreiblich hohen Tonlage, die ganze Laufentenbrut schnatterte, und ich ließ vor lauter Schreck gleich wieder los. Die Ente lief dann weiter, und ich sah ihr seufzend nach. Da hat man schon mal einen Vogel zwischen den Zähnen, und muss ihn gleich wieder loslassen.

Also wie gesagt, ich bin Model von Beruf. Sie können das leicht nachprüfen. Rufen Sie mal die

Hundebücher von Angeline Bauer und René Prümmel im Internet auf - und wen sehen Sie schon außen auf dem Cover? MICH! Und auch zwischen den Buchdeckeln immer wieder ich – schlafend, kauend, badend, krank oder pumperlg'sund, es gibt keine Modelaufgabe, die ich nicht bewältigen könnte. Auch eine Filmrolle hatte ich schon mal. Titel des Streifens: Jack the Diver. Läuft täglich bei youtube. Diver ist, wie Sie ja wissen, Englisch und heißt Taucher - richtig, tauchen kann ich auch!

Und jetzt arbeite ich also auch noch als Angelines Co-Autor, denn sie fand, ich könnte ruhig mal wieder etwas zu meinem Lebensunterhalt beitragen, zumal ich schon länger keinen Model-Job mehr hatte. Also ließ ich mich halt breitschlagen. Genug erlebt habe ich ja auf unserer Inn-Radtour, und auf diesem Weg kann ich andere Hunde und ihre Menschen an meinen Erfahrungen teilhaben lassen. Die meinen wahrscheinlich, so eine Radreise sei das reinste Dosenschlecken. Aber da haben sie sich gewaltig getäuscht. Es ist echt anstrengend. Andererseits – Reisen bildet, auch einen Hund. Deshalb lohnt sich die Anstrengung und Spaß macht es ja ganz nebenbei auch.

Womit wir wieder beim Jagen wären. Wussten Sie eigentlich, dass Eichhörnchen fliegen können? Nein? Na, jetzt wissen Sie es!

Es passierte kurz hinter St. Moritz an einem winzigen Waldsee namens Lej de Stanz. Da lief mir ein Eichhörnchen vor die Schnauze. Ich war gerade nicht angeleint, also nix wie hinterher. Eichhörnchen können nicht fliegen, dachte ich damals noch. Doch dann war das Viech urplötzlich wie vom Erdboden verschwunden. Habe mich umgesehen, rechts, links, wieder rechts, aber nichts, es war einfach futsch!

Angeline und René haben gelacht. Keine Ahnung, was es da zu lachen gibt, wenn ein Jagdhund jagt und die Beute von einer hundertstel Sekunde auf die andere einfach verschwunden ist! Hat sich aufgelöst wie Schall und Rauch! Ein paar Sekunden später habe ich das blöde Vieh dann aber wiedergesehen. Droben auf dem Baum. Ist von einem zum anderen Ast gesprungen und hat irgendwie so doof gegrinst.

Na, genug geschrieben. Jetzt lege ich mich erst mal wieder für ein Stündchen hin. Apropos – ist Ihnen eigentlich klar, dass ein Hund nur etwa vier bis fünf Stunden am Tag so richtig aktiv ist? Die übrige Zeit ruht oder schläft er. Daher rührt auch der Ausdruck

‚fauler Hund'. Stimmt aber nicht, wir sind nicht ‚faul', wir brauchen das so. Dafür hängen wir dann beim Joggen unsere Menschen mühelos ab. Einen Sprint von 50 Stundenkilometer schaffen wir locker, der Rekord eines Windhundes beim Hunderennen liegt irgendwo bei 70 Kilometer die Stunde – das machen Sie uns erst einmal nach!

Die Zeit der Vorbereitung

Geredet haben Angeline und René oft von der Inn-Radtour. „Reisen wie zu Goethes Zeiten", haben sie gesagt. „Die Landschaft, zum Greifen nah, zieht gemächlich an Dir vorbei. Du riechst das Gras, die Blumen, den Fluss, du spürst das Wetter hautnah. Ob es warm oder kalt ist, ob es regnet oder die Sonne dir auf den Buckel brennt, du bist mittendrin! Du siehst den Leuten am Straßenrand zu, hältst mal an, redest mit ihnen. Und mehr als 50 oder 60 Kilometer pro Tag schaffst du nicht. Reisen wie zu Goethes Zeiten – nur nicht mit der Kutsche, sondern mit dem Fahrrad!"

Mir war gleich klar, dass das romantische Träumereien sind und die Wirklichkeit etwas weniger blumig aussehen würde. Aber da gibt es ein grundlegendes Problem zwischen Mensch und Hund – sie wauen nicht dieselbe Sprache! Ich könnte meinen Leuten noch so viel vorbellen, die verstehen das einfach nicht. Außerdem, wenn ich länger als eine Minute belle, heißt es immer gleich „Still!!!" Scharfer Ton, drei Ausrufezeichen. Also Klappe halten und machen lassen. Und so lange sie nur davon reden, kann's mir eh egal sein.

Doch dann kauften sie eines Tages Reiseführer, neue Fahrradtaschen und kramten meinen Hunde-Radan-hänger aus der dunklen Ecke im Keller hervor. Angeline fing an zu packen und René schraubte an den Fahrrädern herum. Und wenn Angeline Taschen oder Koffer packt und René an einem Gefährt herum-schraubt, dann bedeutet das erfahrungsgemäß ver-reisen.

Bleibt nur noch die Frage, ob mit mir oder ohne mich. Schauen sie mich mitleidig an, dann werde ich wahr-scheinlich bei Babgü abgegeben, das ist das Kürzel für Angelines Schwester und deren Mann. Dort geht es mir zwar prima, aber ich habe schließlich die ver-dammte Pflicht und Schuldigkeit, mein Rudel zusam-menzuhalten, und wie soll ich das schaffen, wenn ich nicht weiß, wo sich meine Menschen gerade aufhal-ten?

Wenn sie jedoch freundlich lächelnd über meinen Kopf streichen, beruhigend auf mich einreden und immer wieder das Wort ‚mit‘ fällt: Etwa ‚du darfst mit‘ oder ‚keine Angst, du kommst schon mit‘ oder auch schlicht ‚wir nehmen dich mit‘ – dann kann ich mich halbwegs entspannen. Halbwegs, denn bei

Menschen weiß man ja nie so genau, ob sie es sich am Ende nicht doch noch einmal anders überlegen.

Packen dauert bei Angeline immer mehrere Tage. Sie hat zwar, wie sie sagt, eine ‚Jackliste' (keine Ahnung, warum man so einen Merkzettel ausgerechnet nach mir benennt!), aber die benutzt sie eigentlich nur zur Endkontrolle. Ab etwa eine Woche vor Abreise fängt sie an, einzelne Dinge auf einen Haufen zu legen. Immer wenn sie an etwas vorbeikommt, was sie auf ihrer Reise braucht und schon entbehrt werden kann, nimmt sie es und legt es an einen bestimmten Platz im Schlafzimmer. Reiseführer. Fotoapparat. Badeanzug. Klamotten - und der Stapel wächst. Spätestens, wenn sie dann meine rote Reisetasche danebenstellt, weiß ich, ich darf wirklich mit!

In meiner Reisetasche befinden sich so Sachen wie ein Lappen zum Säubern meiner Pfoten (als hotelerfahrener Hund weiß man schließlich, was sich gehört!), mein Badetuch zum Abtrocknen nach Regengüssen oder Badevergnügen, Zeckenkarte, Spielzeug, Leine, Hundepass, Leckerlis, Reisefressnapf und Löffel zum Auskratzen der Dosen. Auch mein Futter nehmen wir von zuhause mit, weil wir Hunde immer unser gewohntes Futter fressen sollen. Meinetwegen bräuchte ich das ganze Zeug nicht, bis auf die Hundedosen und die Leckerlis, aber lieber reise ich mit unnötigem Gepäck, als gar nicht mitzudürfen.

So sieht also Angelines ‚Hunde-Jackliste‘ aus. Allerdings kam diesmal noch etwas dazu, dass sie sonst nicht mitnimmt. Was, das verrate ich Ihnen nur hinter vorgehaltener Pfote, denn eigentlich finde ich es höchst peinlich: Schuhe für mich! Ja, Sie haben richtig gelesen – Schuhe!

Bisher blieben mir Hundeklamotten zum Glück ja erspart. Hundebodys, Mützen und schicke Wintermäntelchen besitze ich nicht. Und dann näht meine Menschin plötzlich Schuhe für mich! Aus Leder, die man mit Klettbandverschluss über der Pfote verschließt. René hat gelacht. Mir ist das Lachen allerdings vergangen. Beim Anprobieren bin ich herumgestakst wie ein Storch.

René fand, ich brauche keine Schuhe, aber Angeline hielt dagegen: „Damals, als wir Ricki auf unseren Wanderritt mitgenommen haben, mussten wir ihn nach wenigen Tagen abholen lassen, weil er sich die Pfoten wundgelaufen hatte. Und denk nur an Sissi (sie ist eine irische Wolfshündin und gehört dem Sohn meiner Menschen), die hatte nach einem allzu wilden Galopp über eine Teerstraße ebenfalls aufgescheuerte Zehenballen, und ihr musstet sie in einer Decke zum Tierarzt tragen. Ich habe keine Lust, die Radtour abzubrechen, weil Jack vielleicht durch eine Glasscherbe gelaufen ist oder sonst ein Pfoten-problem hat. Also nehmen wir für den Notfall diese Schuhe mit."

René hat das eingesehen, ich nicht. Bin ich etwa ein blöder Schäfer- oder Wolfshund? Nein! Ich bin ein Jack Russel! Und denen passiert so etwas nicht! Erstens sind wir leichter, und ein leichterer Hund läuft sich nicht so schnell wund, und zweitens bin ich gut durchtrainiert und ziemlich schlau! Eine Dreiviertelstunde neben dem Rad herlaufen, das ist für mich Alltag, und wenn's drauf ankommt und ich in guter Form bin, schaffe ich über den Tag verteilt schon mal meine 25 bis 30 Kilometer.

Na ja, egal, dachte ich, soll Angeline meinetwegen Schuhe für den Notfall einpacken. Aber dann hat sie die Schuhe plötzlich nicht mehr gefunden! Ist durchs ganze Haus gefegt, um das Unterste nach oben zu kehren, hat geschimpft und sich die roten Haare gerauft. Am nächsten und am übernächsten Tag dasselbe Spiel. Suchen, schimpfen, Haare raufen.

René wusste auch nicht, wohin sie die Schuhe geräumt hatte, und so glaubte ich schon, dass dieser Kelch an mir vorübergegangen sei und die blöden Treter nicht in meinem Reisegepäck landen würde - als Angeline plötzlich hocherfreut durchs Haus schrie: „Hier sind sie ja!"

Ich lag gerade in meinem Körbchen, um zu ruhen, bequemte mich mit einem Seufzen auf und folgte dem Ruf meiner Menschin. René kam zur gleichen Zeit die Treppe runter. Und was sahen wir? Angeline stand freudestrahlend in der Diele und schwenkte meine Schuhe.

„Und wo waren sie?", fragte René, und wir tauschten bedeutungsvolle Blicke.

„Na hier, im Schuhschrank natürlich, wo Schuhe nun mal hingehören."

René konnte sich ein Grinsen nicht verkneifen, ich trottete mit hängender Rute zu meinem Körbchen zurück.

Wir haben die Treter also mitgenommen. Aber so viel kann ich schon mal verraten: Gebraucht haben wir sie nicht!

Kommen wir zu den wirklich wichtigen Dingen, nämlich zu der Frage, wie ein Hund 600 Kilometer Radreise bewältigt – so lang ist die Inn-Radtour nämlich. Sie geht vom Maloja Pass in der Schweiz, wo der Inn entspringt, bis Passau, wo er in die Donau mündet.

Es gibt je zwei aktive und zwei passive Möglichkeiten. Aktiv heißt laufen, passiv heißt sich fahren lassen.

Auf diesem Foto laufe ich am Springer mit

Den sogenannten Springer (auch Läufer genannt), der am Sattelrohr montiert wird, habe ich ja in Zusammenhang mit der superdoofen Laufente bereits erwähnt. Es handelt sich um ein Gestänge, das rechts etwa 30 Zentimeter vom Rad absteht. Daran ist eine Leine angebracht. An dieser Leine laufe ich mit. So hat Angeline beide Hände frei zum Lenken und Bremsen.

Sie schwört auf den Springer, sagt, Hund und Radfahrer lernen im Handumdrehen, richtig damit umzugehen. Stimmt. Ich hab's sofort kapiert. Wenn ich dran festhänge, kann ich leider nichts anstellen, und wenn ich nicht will, dass sie mich in einer scharfen Rechtskurve überfährt, muss ich mich konzentrieren und bei der Sache bleiben. Funktioniert bei einem so schlauen Bürschchen, wie ich es bin, ohne Problem. Und ein blöder Hund sollte eh nicht neben einem Fahrrad herlaufen. Hänge ich allerdings am Springer fest und ein freilaufender Kollege kommt rasant und aggressiv auf mich zu gerannt, bleibt Angeline grundsätzlich stehen, denn manche Hunde macht das geradezu wild, wenn ich am Rad laufe.

Ich kann also nichts Schlechtes über den Springer berichten, außer, dass ich grundsätzlich lieber freilaufe. Und damit sind wir auch schon bei der zweiten ,aktiven' Möglichkeit: Ich laufe unangeleint mit. Solange wir uns auf keiner Verkehrsstraße, im Wald oder direkt neben einer Bahnlinie befinden, haben meine Leute nichts dagegen. Ich fühle mich dabei am wohlsten, kann schnüffeln, und wenn uns etwas entgegenkommt, kann ich ausweichen, wohin ich will. Ich pass schon auf, bin ja nicht doof! Auch andere Hunde sind dann kein Problem für mich.

Einen Kampf hat es trotzdem noch nie gegeben, auch nicht mit eher aggressiven Artgenossen. Das mag an mir und meinem umgänglichen Wesen liegen, denn ich bin, wie Jack Russel im Allgemeinen, aus tiefstem Herzen friedfertig. Den Fuchs verbellen und aus dem Bau jagen, ihn aber niemals angreifen - so sind wir gezüchtet, das liegt in unseren Genen. Daran halten wir uns auch, sofern wir genug Bewegung haben, ausgelastet und gut erzogen sind.

Da ich auf kleinere Streckenabschnitte verteilt nur rund fünfundzwanzig Kilometer am Tag laufend schaffe, haben sich meine Menschen zusätzlich zwei ‚passive' Reisemöglichkeiten für mich ausgedacht. Sie setzen mich entweder in einen Hunderadanhänger oder in einen Korb, den sie auf den Gepäckträger montiert haben. Am hinteren Rand dieses Korbes wurde ein 20 Zentimeter langes Stück Leine mit Karabinerhaken befestigt, damit sie mich am

Brustgeschirr angurten können. Zu meiner eigenen Sicherheit, wie sie immer behaupten. Mir wär's allerdings lieber ohne Sicherheitsgurt, damit ich auch mal rausspringen kann. Doch was solche Dinge betrifft, werde ich leider nicht gefragt.

Das Körbchen ist mir als Transportmittel lieber als der Rad-Anhänger, denn von da oben aus habe ich alles gut im Blick. Ich bin dann sogar noch größer als Sissi (die Irische Wolfshündin) und kann ihr eins runterhächeln.

Dass mir diese Art zu reisen liegt, ist nicht verwunderlich. Zur Jagd steckte man meine Vorfahren in eine Satteltasche am Pferd, und galt es Fuchs, Dachs oder Otter aufzustöbern, setzte man sie flugs auf den Boden, und los ging's mit Juchhe und Halali. So ähnlich machten meine Menschen das auf unserer Radtour dann auch mit mir. Rein ins Körbchen, raus aus dem Körbchen und los! Jagen durfte ich aber natürlich nicht.

Gar nicht ausstehen kann ich den Anhänger. Sitze ich da hinten drin, sehe ich nicht viel mehr als Renés Füße, die kräftig in die Pedale treten, und wenn wir über Schotterwege fahren, rappelt es wie verrückt. Meine Menschen behaupten aber, es sei wichtig für mich, dass ich mich ab und zu hinlegen kann, weil ich sonst meine 19 Stunden Ruhezeit nicht zusammenbekomme - fünf bis sechs Stunden auf dem Sozius sitzen, sei nichts für einen Hund. Außerdem bräuchte ich Schatten, behaupten meine Menschen, denn von der knallheißen Sonne den ganzen Tag über, bekomme ich am Ende noch einen Sonnenstich. Halte ich allerdings für ein Gerücht! Wie sollte denn die Sonne stechen? Ist sie etwa eine verdammte Wespe, oder was?

Checkliste - das brauchen Sie, falls Sie Ihren Hund mitnehmen

- Leine und Brustgeschirr - den Hund keinesfalls am Halsband mitführen!
- Hundepass
- Futter und Leckerli – das gewohnte Futter ist wichtige, ein plötzlicher Futterwechsel kann Magen-Darm-Probleme bewirken
- Lappen zum Säubern der Pfoten
- Badetuch zum Abtrocknen nach Regengüssen und Badevergnügen
- Reisebett
- Reisefressnapf und Löffel zum Auskratzen der Dosen
- Spielzeug
- falls Sie im Zug an- oder heimreisen einen Maulkorb oder ein Halti, das als Ersatz für den vorgeschriebenen Maulkorb gilt
- Hundeschuhe und/oder Verbandmaterial,
- eventuell Medikamente die Ihr Hund benötigt.
- Für das Rad brauchen Sie einen Springer, das ist ein Rohr mit Leine, das am Sattelrohr montiert wird
- einen Gepäckträgerkorb - sollte er ohne Gitterabdeckung sein mit Riemen zum Anschnallen
- für größere Hunde ab zehn Kilo einen Radanhänger

Gepäckträgerkörbe mit Gitterabdeckung haben den Vorteil, dass man ein Schattenspendendes Tuch darüber befestigen kann, mittelgroße Hunde haben darin jedoch nicht genügend Platz, denn Ihr Hund muss auch aufrecht sitzen können.

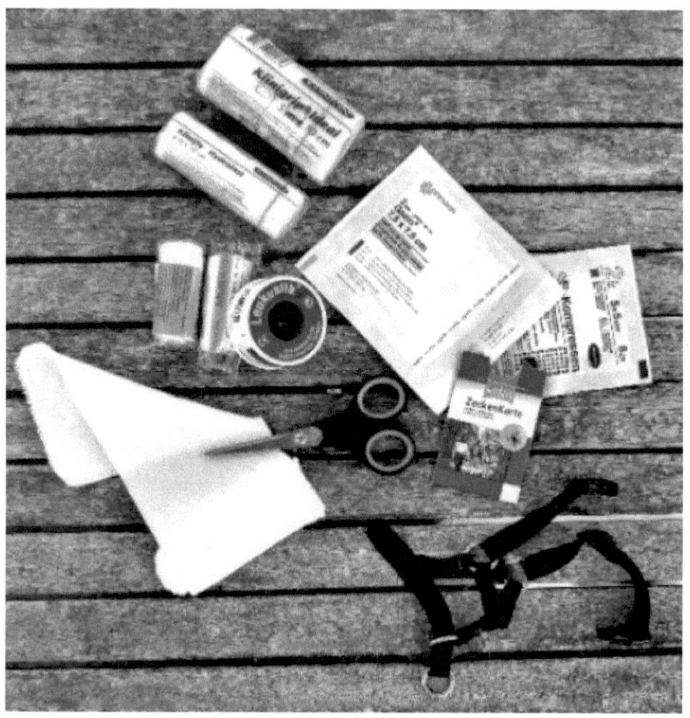

Von Anreise, Unterkunft und Regenkleidung

Bevor wir mit der Radtour loslegen konnten, mussten wir natürlich erst einmal an unseren Ausgangspunkt kommen. Wie gesagt, der Maloja Pass liegt in der Schweiz, nur einen Katzensprung von St. Moritz entfernt. Für uns, die wir am Chiemsee wohnen, bedeutete das, über Kufstein und Innsbruck nach Landeck fahren, und dann rauf in die Alpen. Gar nicht so weit und doch irgendwie am Ende der Welt, denn mit der Bahn, las René im Internet, müsste man auf dieser Strecke sechsmal umsteigen! In Rosenheim, in Innsbruck, in Landeck und noch dreimal in der Schweiz. Und das mit zwei Rädern, einem Hänger und mir im Schlepptau.

„Da wäre ja die Anreise noch abenteuerlicher als die Radtour selbst", murrte Angeline. Ich kreuzte die Pfoten, legte mein Kinn drauf und wartete auf eine bessere Idee, die bestimmt gleich folgen würde: „Wir lassen uns von jemandem mit unserem Auto hinbringen!"

Prompt steckten sie die Köpfe über einer Autokarte zusammen, verwarfen den Plan aber schnell wieder. Mindestens sechs Stunden Fahrzeit einfache Strecke, also zwölf Stunden hin und zurück, dazu eine Pause für den Fahrer am Ziel – da müsste jemand für unser Vergnügen zwölf bis dreizehn Stunden seiner Lebenszeit opfern und am Ende sogar noch Urlaub nehmen. Das wollten meine Menschen dann doch keinem zumuten.

„Jetzt weiß ich, wie wir es machen", sagte Angeline eines Morgens beim Frühstück zu René. Ich war gerade dabei, einen Joghurtbecher auszuschlecken und hörte nur halbherzig zu. „Wir fahren zum Malojapass, stellen da unser Auto ab, radeln bis Landeck und legen dort einen Tag Pause ein, was unserem Allerwertesten sicher guttun wird. Und den Tag nutzt du, um das Auto nachzuholen. Dann ist es schon mal in Landeck. Dort lassen wir es stehen, und du holst es nach unserer Reise per Bahn wieder ab."

René fand das eine gute Idee, und mich fragt bei solchen Sachen eh keiner, also wurde es so gemacht.

An einem Freitag dem 13. Mai war es dann so weit! Die Räder aufgeladen, den Hänger und das Gepäck im Kombi verstaut hatten meine Menschen bereits am Abend zuvor. Brauchten wir morgens bloß noch einzusteigen, und ab ging die Post.

Aber Himmel - wecken 4 Uhr 15, Abfahrt 5 Uhr! Ich kann nur sagen, ich war noch hundemüde! Normalerweise schlafe ich bis acht, und selbst acht Uhr erscheint mir noch unerträglich früh. Mache dann erst das eine Auge auf, um zu sehen, ob meine Menschen bereits die Schuhe angezogen haben. Wenn ja, öffne ich auch das zweite. Da rufen sie meistens schon: „Jack, jetzt komm doch endlich!" Aber so schnell geht das mit den jungen Hunden nicht! Erst muss ich mich noch ausführlich dehnen. Von hinten nach vorne, dann von vorne nach hinten, dann rechts Hinterbein, linkes Hinterbein, schließlich drei- viermal gähnen und zum Abschluss kräftig durchschütteln. Habe ich meine Muskeln auf diese Weise gelockert und aufgewärmt, trotte ich zwecks frühsportlicher Körperertüchtigung raus zum Fahrrad.

Wie gesagt, normalerweise jagen sie mich gegen acht Uhr aus meinen Decken, an jenem Morgen aber bereits drei Stunden früher.

Außer uns war zu solch nachtschlafende Zeit kaum jemand unterwegs. Hin und wieder riefen meine Menschen: „Schau Jack, dort drüben, da werden wir auch bald radeln!", was mich aber nicht sonderlich interessierte. Ich lag hinten im Gepäckraum und versuchte, meinen dringend benötigten Schlaf nachzuholen.

So gegen halb neun zeigte sich die Sonne, worüber sich meine Menschen lauttönend freuten, denn die Wettervorhersage hatte heftige Schauer angekündigt, und droben in den Alpen konnte das Mitte Mai unter Umständen sogar Schnee bedeuten. Ich linste durchs Fenster zum Himmel hinauf und dachte dabei an die Regenklamotten, die Angeline tags zuvor noch besorgt hatte, und was für ein Zinnober das gewesen war.

An Regenbekleidung hatten meine Menschen nämlich gar nicht gedacht. Als dann die Wettervorhersagen so düster ausfielen, drehte Angeline mal wieder im ganzen Haus das Unterste zu oberst, um die Regenklamotten zu finden. Die Jacken entdeckte René am Abend im Schuppen, die Hosen blieben aber auf Nimmerwiedersehen verschwunden.

Also neue kaufen. Angeline und ich fuhren ins einzige Sportbekleidungshaus, das es bei uns gibt, und sahen uns dort um. Sie griff nach einer Plastikhose, die angeblich hundertprozentig wasserundurchlässig war, ich schnüffelte derweilen an einem

Plüschschaukelpferd, das angenehm nach Kinderwindeln roch. Da stand plötzlich der Herr Sportbekleidungshaus persönlich neben uns. Ob er uns helfen könne?

Angeline erklärte ihm ihr Anliegen und wir erfuhren: „Also, mit so einer Plastikhose werden Sie nicht glücklich. Auf dem Rad wetzen Sie ja hin und her und reiben fortwährend mit dem Po auf dem Sattel herum! Doch die Rückseite dieser Hose, sehen Sie nur, die ist nicht verstärkt! Bei einer Rad-Regenhose sollte die Rückseite aber unbedingt verstärkt sein, sonst ist sie wie gesagt in Nullkommanix durchgewetzt, und dann können Sie die Hose nach ihrer Radtour gleich wegwerfen!"

„Und haben Sie so eine poverstärkte Plastikhose?", fragte Angeline.

„So etwas gibt es zwar", antwortete Herr Sportbekleidungshaus in etwas hochnäsigem Ton, „haben wir derzeit aber leider nicht auf Lager." Lächelnd drückte er ihr eine Hose aus Gore Tex in die Hand, die an allen wichtigen Stellen verstärkt war und supertoll aussah, leider aber auch superteuer war, wie ich an Angelines Gesichtsausdruck erkennen konnte.

„Dreihundert Euro!", murmelte sie und rechnete laut: „Das mal zwei, ergibt 600 Euro."

Manometer, 600 Euro! Auch ich begann zu rechnen. Dafür bekam man immerhin 333,333 Dosen zu 800 Gramm! Da meine Menschen mir von diesen 800 Gramm immer nur eine Drittel pro Tag geben, also 266,666 Gramm, hieße das, ich könnte fürs selbe Geld 999,999-mal fressen! Ich konnte durchaus verstehen, dass Angeline bei solchen Preisen blass wurde.

Ohne die Hosen gekauft zu haben, verließen wir den Laden wieder. Zu Hause setzte sich Angeline an den Computer. Preisvergleich im Internet. Dort waren Hosen dieser Art etwas günstiger. Leider gab es aber ein Problem: Wenn sie nicht passten, blieb keine Zeit mehr, sie zurückzuschicken und eine andere Größe zu bestellen. Außerdem halfen die superschönen, superteuren Hosen bei Dauerregen laut Testbericht gar nicht so supertoll, sondern hielten grad mal ein halbes Stündchen Nässe ab.

„Hast du ein Glück, dass du ein Fell hast!", sagte sie zu mir, schnallte mir mein Brustgeschirr um und schnappte sich das Auto. Wir fuhren in ein weitentferntes Radsporthaus. Erfreut stellten wir fest, dass dort wegen Umbaus ausverkauft wurde und begaben uns zu den Restbeständen an Regenbekleidung. Supertolle Gore Tex Hosen in passender Größe gab es allerdings nicht mehr. Angeline schob ein paar Bügel hin und her und hielt wieder eine Plastikhose in der Hand.

Auch hier trat Herr Radsporthaus persönlich neben uns, um uns zu beraten.

„Haben Sie auch Plastikhosen speziell zum Radfahren? Solche, die am Hinterteil verstärkt sind?", fragte Angeline, inzwischen über die wesentlichsten Notwendigkeiten informiert.

„Nein, aber die da", er deutete auf die unverstärkte Plastikhose in ihrer Hand, „sind genauso gut."

„Ja aber ..., wenn die am Popo nicht verstärkt sind, dann wetzt man sie doch mir-nichts-dir-nichts durch! Dann kann man sie nach einer Radtour gleich wieder wegwerfen!"

Herr Radsporthaus schüttelte befremdet den Kopf. „Also erstens wetzen Sie im Fahrradsattel ja nicht ständig hin und her, und zweitens: Ich habe genau so eine Hose beim Motorradfahren an, und das schon seit zehn Jahren. Nichts durchgewetzt, hält immer noch dicht."

„???"

Angeline und ich tauschten Blicke. Also wem sollten wir nun glauben? Sie kaufte die Plastikhosen, weil sie irgendwie gar keine andere Wahl hatte, und weil ihr der Preis gefiel. Von 40 Euro auf 20 heruntergesetzt. Im Klartext: 11,1111 Dosen pro Hose gespart! Wenn sie drei Tage Regen abhielten und meine Menschen sie dann wegwerfen mussten, na gut, sei es drum. Nächstes Weihnachten kommt bestimmt, da konnte ihnen das Christkind ja was Gescheites unter meinen Wohnzimmerbaum legen.

Zurück zu unserer Fahrradreise. Ein Blick aus dem Autofenster zeigte also nichts als Sonnenschein, und weit und breit war kein Schlechtwetterwölkchen am Himmel zu sehen.

Viertel vor Elf erreichten wir Maloja. Das ist ein kleiner, unscheinbarer Ort nördlich des Lei da Segl, in dem weit und breit kein Hund zu sehen war! Und auch keine Innquelle. Die liegt nämlich ein paar Kilometer weiter den Berg rauf, aber dort kann man mit dem Rad nicht hin.

Wir gingen zuerst auf die Post, um Geld zu tauschen, und René fragte den Mann am Schalter, wo wir unseren Wagen für ein paar Tage parken könnten.

„Wenn Sie wieder Richtung See fahren, dort gibt es gleich an der Straße zwei Parkplätze", erklärte der.

Stimmt, da waren wir gerade vorbeigekommen. War mir aufgefallen, weil dort einer beim Angeln saß, und hinter ihm auf einem Pfosten eine verdammte Krähe! Ich nahm mir vor, sie gleich mal zu verjagen, doch als wir auf den Parkplatz fuhren, war sie schon weg.

Der Parkplatz war kostenlos – schätzungsweise 35 Dosen gespart! - aber dafür auch unbewacht. Meine Menschen störte das nicht. Wie man weiß, sind die Schweizer rechtschaffene Bürger, und ausländische Diebe fahren sicher nicht bis zum Malojapass, um dort unser altes Auto zu knacken.

Meine Menschen also die Räder vom Radständer und den Hänger aus dem Wagen geholt, Radständer dann doch vorsichtshalber im Wagen verstaut, Gepäck aufs Rad geschnallt, mich ins Körbchen auf dem Sozius von René gehoben - los konnte es gehen!

Punkt zehn Minuten nach Elf, traten wir in die Pedale. Zu unserer rechten lag der See, über uns strahlend-blauer Himmel, vor uns (denn die ersten sechseinhalb Kilometer fährt man auf der Autostraße) prompt eine Baustelle. Kurzgeschaltete Ampel, aufgebrochener Teer, Staub, LKW und Maschinen. Doch als wir diese lärmende, stinkende Hürde hinter uns hatten, sich die schneebestäubten Berge im See spiegelten, uns die herrlich frische Luft um die Nase wehte und

wir begriffen: Jetzt gibt es kein Zurück mehr! – da ließ Angeline plötzlich einen ur-bayrischen Jucherzer los, der dreifach vom Piz della Margina zurück-hallte. Ich bin vielleicht erschrocken! So etwas hatte ich von meiner Menschin bis dato noch nie gehört.

Checkliste – was Sie für sich nicht vergessen sollten

Reiseführer, Kartenmaterial und eventuell Ihr Navigationsgerät,

Reisepässe, Krankenkassen-Karte und Geldkarte,

Mobiltelefon, Fotoapparat,

Sturzhelm,

Werk- und Flickzeug, Ersatzschlauch, Luftpumpe,

Taschenlampe,

Regenbekleidung und Handschuhe,

Sonnenbrille, Ersatzbrille

Medikamente und Verbandsmaterial,

etwas zum Schreiben, um Reisenotizen zu machen,

Buch oder E-Book Reader

Schuhe und Kleidung zum Wechseln,

Ihren Waschbeutel,

Papiertaschentücher und eine Rolle Toilettenpapier,

Wasserflasche,

Müsliriegel, Traubenzucker etc.

Falls Sie nicht immer einkehren wollen: Besteckset, Teller, Becher und Flaschen- bzw. Dosenöffner.

Und falls nötig, erkundigen Sie sich rechtzeitig nach Zug- und Busfahrplänen und einem Parkplatz für Ihr Auto.

Die erste Etappe bis La Punt

Die Alpen bei Maloja mit Schloss Crap da Sass

Nach sechseinhalb Kilometer ging es rechts ab Richtung Sils. Es soll ein hübscher Ort sein, in dem es schöne Häuser zu bewundern gibt, und in dem bereits so berühmte Schrifstellerkollegen wie Thomas Mann, Hermann Hesse oder Friedrich Dürrenmatt zu Gast waren. Angeline hatte sich schon zu Hause darauf gefreut, es sich im Vorbeiradeln anzusehen, aber dann ... ja dann stellte sich heraus, dass der Radweg nicht direkt durch den Ort führt. Angeline hielt kurz inne und sah wehmütigen Blicks nach Sils hinüber. Ich vermute mal, sie wollte René nicht schon zu Beginn unserer Tour eine Ortsbesichtigung abverlangen.

Diesbezüglich haben die beiden nämlich ein Problem: Sie besichtigt gerne Städte, Kirchen, Schlösser, Klöster und Ruinen, er reißt lieber Kilometer runter. Wie ich mir von meinem besten Freund Bill sagen ließ, ist das nicht nur bei uns so, auch bei ihm zu Hause und bei einigen seiner Kumpel! Vermutlich hat das damit zu tun, dass Frauen von Natur aus Sammlerinnen sind – sie sammeln auch Sehenswürdigkeiten - Männer aber Jäger. Angeline schluckte also den Satz „könnten wir nicht bitte …", runter und folgte uns mit einem stillen Seufzen.

Bei dieser Gelegenheit möchte ich erwähnen, dass der Innradweg sehr gut beschildert ist. Hin und wieder mussten meine Menschen unsere Karten zu Rate ziehen, drei oder viermal auch nachfragen, und zweimal haben wir uns ein wenig verfahren. Aber was ist das schon auf einer Tour von immerhin 600 Kilometern!

Als Reiseführer hatten wir das Radtourenbuch Inn-Radweg Teil 1 und Teil 2 von ‚bikeline' bei uns, und meine Menschen waren recht zufrieden damit.

Zusätzlich braucht man aber eine Übersichtskarte, denn auf den einzelnen Kartenblättern des Radtourenbuches ist jeweils nur eine Strecke von etwa 15 Kilometern abgebildet. So eine Radwegkarte im Maßstab 1:125000 hat und das Fremdenverkehrsbüro zugeschickt. Kostenlos! Mindestens fünf Dosen gespart! Aber all das Kartenzeugst dient ihnen nur zur Info, damit meine Menschen nicht ständig ins Internet gehen müssen, was vor allem dann blöd ist, wenn man kein Netzt hat. Auf dem Rad, also um die Wege zu finden, benutzen sie eine Navigations-App, die sie auf dem Handy haben. Das Handy spricht dann und sagt ihnen, wo's lang geht.

Auch an St. Moritz fuhren wir vorbei, denn diesen berühmten Ort hatten wir uns bereits einmal angesehen, als Angeline im nahegelegenen Pontresina aus einem ihrer Romane gelesen hatte. Damals wohnten wir vier Tage in einem schicken Hotel und gingen stundenlang bei Eis und Schnee im Taiswald spazieren. Angeline fand den Wald, in dem fast ausschließlich Arven und Lärchen wuchsen, 'wunderschön' und 'wildromantisch'. Mir persönlich war es ehrlich gesagt egal, welcher Art die Bäume sind, Hauptsache, ich konnte sie ausgiebig bepinkeln.

Durch diesen Wald fuhren wir jetzt also mit dem Rad. Ich war richtig aufgeregt, denn ich erkannte hier eine Bank oder eine Hütte, neben der ich auf einem Stock herumgekaut hatte, dort einen Baum, den ich ausgiebig markiert hatte - für den Fall, dass ich einmal wiederkommen würde und wissen musste, wo die Grenzen meines Reviers verlaufen. Was ja jetzt auch tatsächlich geschehen war. Aber leider ließ mich René nicht aus dem Körbchen, um nachzumarkieren, falls ich ein drittes Mal herkommen sollte.

Auch meine Menschen freuten sich, als sie den Wald wiedererkannten. Weniger angenehm fanden sie allerdings die Steigungen um St. Moritz. Dabei waren die noch gar nichts im Gegensatz zu denen, die uns bei Wasserburg erwarten würden! Aber das wussten sie da noch nicht, und was man nicht weiß, macht einen bekanntlich nicht heiß.

Mir machte das mit den Steigungen nichts aus. Ich laufe aufwärts fast so schnell wie runter. Doch meine Menschen mussten mit ihren simplen, mit Gepäck beladenen und von einem Hänger beschwerten Tourenrad ganz schön schuften, um hinaufzukommen! Mit einem Bergradl (neudeutsch: Mountainbike) oder einem Pedelec und ohne Gepäck wäre das natürlich ein Klacks gewesen.

Der Taiswald lag hinter uns. Auf geteerten Flurbereinigungswegen ging es weiter über eine berggesäumte Ebene. Manchmal kreuzten wir eine Hauptverkehrs-straße oder radelten eine Weile neben ihr her. Wir dachten an nichts Schlimmes, als wir plötzlich ein Auto über den Straßenrand hinausschießen und auf zwei Rädern über den Wiesengrund rumpeln sahen, bevor es in Schräglage an einem Abhang nicht weit von uns zum Stehen kam.

Wir stoppten und starrten wie gebannt auf den Wagen, aus dem nach ein paar endlos langen Sekunden eine junge Frau kletterte. Inzwischen hatten andere Autofahrer angehalten und halfen ihr. Die junge Frau hatte Glück gehabt, denn ihr war nichts passiert, aber auch wir mussten unserem Schutzengel danken, dass er dafür Sorge getragen hatte, dass wir nicht gerade dort geradelt sind, wo ihre Blechruine jetzt stand.

Beim Weiterfahren redeten meine Menschen darüber, wie schnell das Leben zu Ende sein kann, und dass wir ja heute Freitag den 13. hatten. René meinte: „Siehste! Pechtag!" Angeline hielt dagegen: „Wieso, die Frau und wir hatten doch alle Glück gehabt! Und im Übrigen ist die Angst vor diesem Datum vollkommen unbegründet, das hat man statistisch nachgewiesen.“

Irgendwie, dachte ich bei mir, haben sie wohl beide recht.

Angeline erzählte dann noch, dass es Leute geben soll, die sich vor lauter Angst, es könnte ihnen an diesem Datum etwas passieren, nicht aus dem Bett wagten. Diese Angst hat sogar einen Namen – Paraskavedekatriaphobie. Genau: Para-skave-dekatria-phobie! Kann kein Mensch aussprechen, und ich erstrecht nicht. Musste ich Buchstabe für Buchstabe im Zweizehensystem abtippen.

Aber woher kommt diese Angst überhaupt, wollten René und ich wissen.

Angeline erklärt es uns. Die hat sich auf Grund von Recherchen einmal mit solchen Dingen beschäftigt.

Ich fasse ihre Antwort für Sie kurz zusammen: Einige Leute behaupten, der Freitag sei ein Unglückstag, weil Jesus an diesem Tag gekreuzigt und auch Adam und Eva an einem Freitag aus dem Paradies vertrieben worden waren. Und der negative Beigeschmack der 13 hätte etwas mit dem Letzen Abendmahl zu tun, denn da wurde die Zahl der zwölf Jünger durch einen dreizehnten verändert.

Aber Angeline meint, man muss noch ein wenig weiter zurückschauen, nämlich in die vorchristlichen Religionen, in denen die Große Mond- und Muttergöttin noch eine wichtige Rolle gespielt hatte. Der Freitag, Tag der Göttin Freya, war bei den nordischen Völkern ein ‚geheiligter' Tag, ähnlich unserem heutigen Sonntag. Und bei den Moslems ist der Freitag ja auch noch immer der Sonntag und bei den Juden beginnt der Sonntag am Freitag. Na ja, so oder so ähnlich. Zudem lebten die Heiden nach dem Mondkalender, der 13 Monate hatte, und die 13, der Tag der Göttin, galt damals allgemein als Glückstag. Die 13 und der Freitag sind also ‚heilige Symbole' aus heidnischer Zeit und werden deshalb seit dem Christentum verteufelt. Die 13, sagt Angeline, gilt deshalb auch als ‚Dutzend des Teufels'.

Doch weder ich noch meine Menschen leiden an Paraskavedekatriaphobie, und so radelten wir guten Mutes weiter.

Unsere ersten beiden Nachtquartiere hatte Angeline vorgebucht. Sie wusste, dass die Schweiz ein teures

Pflaster ist und wollte sicher gehen, ein einigermaßen bezahlbares Zimmer zu bekommen. Auch befürchtete sie, dass meine Anwesenheit ein Problem sein könnte. Also hatte sie sich zu Hause ans Telefon gehängt und erstaunt festgestellt, dass weder ich noch die hohen Zimmerpreise das Problem waren, sondern dass man schon heilfroh sein musste, überhaupt ein Zimmer zu bekommen! Immer wieder hieß es: „Tut mir leid, wir haben um diese Jahreszeit geschlossen."

Die Wirtin in unserer ersten Unterkunft erklärte uns dann, dass es in der Schweiz nicht zwei, sondern drei Saisons gibt. Die übliche Haupt- und Nebensaison und zusätzlich die sogenannte ‚tote' Saison. Und die ist eben im Mai und dann noch einmal gegen Jahresende, im November.

„Denn in der Schweiz hat's vor allem Kühe und Hoteliers", sagte sie - soll heißen, Schweizer Käse und Fremdenverkehr. Und irgendwann wollen Gastronomen und ihre Angestellten ja auch einmal ausspannen."

Das bekam auch unser Magen zu spüren! Als meine Menschen sich umgezogen hatten, erkundigten sie sich bei unserer Wirtin, wohin man zum Essen gehen könnte. „Im nächsten Ort", bekamen sie zur Antwort. „Hier in La Punt haben alle Restaurants geschlossen. Ist aber nicht weit, nur sechs Kilometer."

Nicht weit - na, die war gut! Das hieße noch mal zwölf Kilometer mit dem Rad – nein danke! Wir waren fix und fertig!

Dann gibt es eben heute mal kein warmes Essen, beschloss Angeline, schnappte sich ihren Drahtesel und fuhr in den nächstgelegenen Supermarkt, um eine ordentliche Brotzeit einzukaufen. Ich bekam derweilen eine Dose aus dem Vorrat, und kaum hatte ich ihren Inhalt verschlungen, legte ich mich in mein Reisebett und versank in traumlosen Schlaf.

Gegen elf Uhr nachts wurde ich wieder wach. Der Gast von nebenan war heimgekehrt. Wahrscheinlich ahnte er nicht, dass er Nachbarn bekommen hatte, denn er trällerte laut und mit leidenschaftlicher Inbrunst ein Lied in einer für uns unverständlichen Sprache. Allerdings immer nur ein paar Worte, dann folgte Stille. Wieder ein paar Worte, und wieder Stille. Vermutlich hatte er sich den Rest der Melodie nur gedacht. Ich legte mir die Pfote übers Ohr und versuchte, nicht hinzuhören. War gar nicht so einfach. Immer kurz vor dem Wegratzen wieder ein schallendes: „Horrrtimosam - Uptasup!"

So ging das eine halbe Stunde, bis der Typ sich endlich in den Schlaf gesungen hatte.

Zusammenfassung der 1. Etappe:

36 Kilometer, von Maloja bis La Punt.
Übernachtung im Hotel Garni ‚Chesa Antica'.
Räder konnten im Hof unter einem Vordach abgestellt werden, Hund wurde nicht extra berechnet.
Sehenswertes unterwegs: Sils und St. Moritz.

Grüezi, und entschuldigen Sie bitte

Während ich gestern schon schlief, haben sich meine Menschen noch über den Inn und das Engadin unterhalten. Sie denken jetzt vermutlich: Wie kann der das wissen, wenn er doch geschlafen hat? Zu Ihrer Information: Bei uns Hunden geht das mit dem Schlafen anders als bei Menschen. Wenn wir uns nicht gerade in einer Tiefschlafphase befinden, hören wir selbst schlafend das leiseste Mäusegetrappel. Zum Ausgleich haben wir im Kopf eine Art Filter. Die Geräusche gehen zu einem Ohr rein, werden als wichtig oder unwichtig vermerkt, und gehen dann zum anderen wieder raus. Mit anderen Worten, wir schalten auf Durchzug. Nur wenn etwas wirklich sehr wichtig ist, dann werden wir wach. Das dann aber auch in Nullkommanix!

Doch gestern Abend war nichts Wichtiges, also blieb ich gemütlich liegen, döste so vor mich hin und hörte mit halbem Ohr zu, was meine Menschen quatschten. Ja, und das erzähle ich Ihnen jetzt.

Wie gesagt, es ging um das Engadin und den Inn und woher sein Name eigentlich kommt. Also vorweg: Inn sagen nur die Deutschen, in der Schweiz heißt der Inn

En. Nun gibt es Leute, die behaupten, die Bezeichnung En stamme vom keltischen Wort "eon" ab, was so viel wie schäumen bedeutet. Wer, wie ich, den jungen Inn schon gesehen hat, kann das durchaus nachvollziehen. Droben in den Schweizer Alpen ist er nämlich noch ein wilder Gebirgsfluss und macht diesem Namen alle Ehre.

Die anderen sagen, En leitet sich vom keltischen Ent ab. Das bedeutet ‚der Grüne'. Im rätoromanischen, der Sprache, die im Engadin gesprochen wird (nur von Menschen, Hunde wauen ganz gewöhnlich hündisch), hat man das T am Schluss einfach verschluckt, und so wurde aus Ent eben En. Auch das wäre durchaus logisch, denn tatsächlich leuchtet der Inn droben in den Bergen noch smaragdgrün.

Und nun stellen wir die Kuh mal in den Eimer: Da ‚Gadin' Garten bedeutet, heißt En-Gadin nichts anderes als ‚Garten des grünen bzw. schäumenden Flusses'.

Verwunderlich finde ich allerdings, dass der Inn auf seinen ersten Kilometern, nämlich von der Quelle bis zum St. Moritzersee, nicht En sondern Sela heißt. Ich meine, wo doch die ganze Region nach diesem Fluss benannt ist! Aber unter uns, die Gedankengänge der Menschen sind nicht immer logisch.

Kurz vor La Punt ist der Inn noch smaragdgrün

Damit ist klar, dass die Schweizer, die entlang des Inns siedeln, keltische Wurzeln haben - wie vermutlich auch ich, obwohl ich in Bayern geboren wurde. Aber meine Ahnen sind schließlich Briten, und die roten Flecken auf meinem weißen Fell sagen alles – Sie wissen ja, Kelten waren zumeist rothaarig!

Es gibt übrigens noch eine dritte Auslegung zur Namensbedeutung des Inns. Von einer Schlangen-Flussgöttin war die Rede, die sich durch ihren ,grünen Garten' schlängelt. Aber das habe ich nur noch am Rande mitbekommen, denn da fiel ich gerade wieder in eine Tiefschlafphase.

Zum Frühstück gehen meine Leute grundsätzlich ohne mich, darum kann ich nichts Genaues darüber berichten, was sie mit der Wirtin am Morgen besprochen haben. Fakt ist aber, dass sie ihnen dringend davon abgeraten hat, mit Sack und Pack und Anhänger nach Ftan zu fahren, wo Angeline das Quartier für die zweite Nacht gebucht hatte. Ftan liegt nämlich ziemlich weit droben in den Bergen. Herrliche Landschaft angeblich und eine unglaublich tolle Aussicht, aber auch heftige Steigungen bei schwer befahrbaren Wegen - die auch noch aufgeweicht sein würden, weil es die ganze Nacht geregnet hatte! Und immer noch regnete! Also René ist zwar drahtig (wie ich) und bestimmt kein Schlappschwanz, aber mit so einem Anhänger am Rad spürt man, dass Gravitation nicht einfach nur ein interessant klingendes Wort ist!

Wenn ich Ihnen das mal physikalisch erklären darf: Gravitation (Erdanziehung) bewirkt, dass alle Körper, sofern sie nicht durch andere Kräfte daran gehindert werden (wichtig!!!), sich in Richtung des Massemittelpunkts der Erde bewegen.

Klartext: Rad ‚schieben' reicht hier nicht mehr. Entweder René zieht unser Stahlrossgespann regelrecht nach oben, oder es geht damit gnadenlos abwärts! Und für Angeline mit drei Gepäcktaschen auf dem Rad wäre das bestimmt auch kein Dosenschlecken gewesen.

Die haben also wieder mal die Köpfe über der Karte zusammengesteckt und schließlich beschlossen, dass wir das Zimmer in Ftan abbestellen und von Schanf bis Zernez (wo der Radweg laut Beschreibung unseres Radreiseführers schwer befahrbar ist) und später dann noch einmal von Ardez bis Scuol auf der Straße zu bleiben.

Bei dieser Gelegenheit muss ich erwähnen, dass es nicht ganz ungefährlich ist, auf einer Hauptverkehrsstraße zu radeln. Aber so ist das eben im Leben, manchmal bleibt einem gar nichts Anderes übrig, als sich zwischen zwei Unannehmlichkeiten zu entscheiden.

Wenigstens hat nach einer Stunde der Regen aufgehört, das war doch mal erfreulich. Wenn ich auch wahnsinnig gerne schwimme und tauche, Regen kann ich nicht ausstehen!

Fürs Auge war's allerdings großartig, denn die Berge ringsum haben gedampft! Das hat richtig schön gruselig ausgesehen. Überall Nebelfetzen, und dazwischen waren geheimnisvolle dunkle Felswände oder Wälder zu erahnen, in denen sich Fuchs und Hase guten Morgen sagten! Wie aus einem Gedicht von Edgar Allen Poe! Liest Angeline mir und René manchmal im Urlaub als Gutenachtgeschichte vor. Finde ich spannend. Bloß das Gedicht ‚Der Rabe' kann ich gar nicht ausstehen! Den hätte ich auf der Stelle niedergemacht, wenn der bei uns mitten in der Nacht einfach so ins Zimmer spaziert wäre.

Hübsch waren auch die kleinen Puppenhausstädtchen mit den bemalten Hausfassaden, wie zum Beispiel Schanf. Na ja, zuerst dachte ich, wenigstens seien sie bemalt, aber dann erklärte uns eine Frau, dass diese Ornamente eingeritzt seien. Muss sich um eine ziemlich komplizierte Technik handeln. Kommt erst ein dunkler Unterputz aufs Haus, dann ein heller Überputz, und in den werden diese Muster hinein geritzt. Quadrate, Blumen, Ornamente oder Steinböcke. Muss natürlich rasend schnell gehen, denn braucht man zu lange, ist der Putz eingetrocknet, und mit Ritzen geht nichts mehr. Können Sie mir glauben, denn ich verstehe was von solchen Dingen, weil ich zusammen mit meinen Menschen unser Ferienhaus in Ungarn renoviert habe. War richtiges Teamwork. Angeline hat gesagt, wie sie es haben will, René hat es gemacht und ich habe alles genauestens überwacht.

Aber zurück in die Schweiz. Sie müssen jetzt nicht glauben, das Fahren auf der Autostraße würde ohne Steigungen abgehen. Mitnichten! Die Steigungen sind nur moderater – nicht so steil, dafür aber länger. Doch dank Teer unter den Rädern rollt es auf den Straßen viel leichter als auf den Radwegen, die hin und wieder nicht einmal geschottert sind.

Fies fand ich bloß, dass ich in den Hänger musste, sobald wir auf der Hauptverkehrsstraße fuhren. „Platz!", haben sie mir wie üblich befohlen. Hab mich dann auch brav hingelegt, aber sobald wir fuhren, habe ich mich wieder aufgesetzt. Heißt es nicht gemeinsam durch dick und dünn? Doch kaum wird's mal ein bisschen abenteuerlich, packen sie mich auch schon weg.

In Ardez hatte ich ein Erlebnis, das muss ich Ihnen unbedingt noch erzählen! Wir fuhren in den Ort hinein. Inzwischen hatten sie mich wieder aus dem Anhänger befreit und ins Körbchen gesetzt. René setzt mich immer ins Körbchen, wenn wir durch einen Ort fahren! Weil sich dann alle Mädels nach ihm umdrehen und rufen: „Ach guck doch mal, wie süüüüß!" René tut so, als meinten sie ihn, aber die meinen natürlich MICH! Egal, mir macht's nicht aus, ich lasse ihn in dem Glauben ...

Also wir fuhren in den Ort hinein, da hörten wir schon von weit her einen ziemlich seltsamen Lärm. „Quaff-quaff-quaff" – ohne Unterlass. „Quaff-quaff-quaff! Quaff-quaffquaff!" Klang wie eine blöde heisere Laufente. Wir haben uns natürlich gefragt, was das wohl sein mag, wussten es aber nicht so recht ...

Das Quaffen wurde immer lauter, und plötzlich radelte ein Mann an uns vorbei, der hatte ebenfalls ein Körbchen auf dem Gepäckträger, und in dem Körbchen saß eine Klobürste! Eine quakbellende Klobürste!!! Wir konnten das Ding immer noch hören, als wir schon längst aus dem Dorf waren.

René und Angeline haben später behauptet, das sei ein Hund gewesen. Irgendwas mit Terrier. Kann ich aber nicht glauben. So bellt kein Hund, erstrecht kein Terrier. Vielleicht war es eine Terrierente? Oder ein gerade ausgeschlüpfter Wolfsrabe im Schafspelz? Ist alles möglich, schließlich gibt es auch Ameisenbären!

Wir sind an diesem Tag bis Scuol gefahren, das waren insgesamt 50 Kilometer mit Steigungsstrecken, und meine Leute waren ziemlich geschafft. Kurz vor Scuol hatten wir noch mal Glück. Die Straße führte mal wieder bergauf, so sehr bergauf, dass absteigen und schieben angesagt war. Wir hielten an, Autos donnerten an uns vorbei. Erschöpft griff Angeline zur Wasserflasche an ihrem Rad und trank, als plötzlich ein Schweizer Bergradler mit seiner Frau aus dem Wald gegenüber preschte, die Straße überquerte und dort auf einer alten, schmalen, rissigen Teerstraße wieder im Wald verschwinden wollte.

Doch Angeline rief ihm nach: „Entschuldigung!" – und Prompt blieben sie stehen. Wenn man sich gleich mal als erstes entschuldigt funktioniert das meistens mit dem Aufhalten von Menschen.

„Grüezi!"

„Ja bitte?"

Angeline deutete auf den Weg, den die Schweizer Bergradler einschlagen wollten. „Kommt man da vielleicht nach Scuol?"

„Ja, klar. Das ist die alte Straße, die wird heute nicht mehr von Autofahrern benutzt. Bloß immer gerade aus!"

Glück gehabt! Der Weg führte durch den Wald, die Steigungen waren moderat, und ich durfte freilaufen. Und was wir da noch nicht wussten: Die Straße leitete uns direkt zu einem Hotel mit Pizzeria, das geöffnet war und für uns ein freies Zimmer hatte! Ich war auch kein Problem, denn der Hotelbesitzer besaß selbst einen Hund. Er fand es sogar super, dass meine Menschen mich auf ihre Radreise mitnahmen und gab uns extra ein schönes großes Zimmer mit Balkon.

Balkon mögen meine Menschen besonders gern, die sitzen immer lieber draußen als drinnen. Und das Wetter war inzwischen auch wieder bombig. Sonne, leichter Wind – nur wenn man den Berg hinaufsah, konnte man ahnen, dass erst Mai und wir mitten in den Alpen waren. Denn nicht viel weiter droben, scheinbar zum Greifen nah, lag frischer Schnee wie Puderzucker auf den Bäumen! Die Wirtin hatte sogar prophezeit, morgen würde es wieder regnen, und die Schneegrenze würde bis auf 1200 Meter sinken.

Auweia, da würden wir uns aber warm anziehen müssen! War vielleicht doch keine so gute Idee, so früh im Jahr schon in den Schweizer Alpen herumzuradeln.

Na ja, heute war heute, und morgen würde man weitersehen.

Angeline hatte für mich eine Dose Hundefutter geöffnet, René für sich und Angeline eine Dose Bier. So saßen wir zufrieden auf dem Balkon, als drunten auf der Straße ein Mann und eine Frau auf ihren Bergradeln ankamen und schräg vor unserem Balkon stoppten. Der Mann blieb auf der Straße stehen, die Frau wagte sich bis zum Schaukasten vor, in dem die Speisekarte aushing, und studierte, was es zu essen gab.

Er, ungeduldig: „Nun komm doch endlich!"

Sie, offensichtlich erschöpft: „Ich bin müde. Hier könnte man auch ein Zimmer bekommen."

Er: „Wir fahren weiter!"

Sie: „Aber ich kann nicht mehr. Und ich habe Hunger."

Er: „Es ist erst fünf." Dann ärgerlich: „Jetzt komm schon!"

Sie folgte ihm seufzend, und wir sahen, wie sie die Straße rauffuhren, die wieder auf den Innradweg führte. Die Frau tat uns sehr leid, denn wir wussten, dass es zwischen Scuol und Pfunds nur noch eine einzige Übernachtungsmöglichkeit gab, und dieses Gasthaus war laut Reiseführer so gut wie immer ausgebucht, da es direkt an der Strecke lag. Bis Pfunds waren es aber noch 27 Kilometer, und das ist verdammt viel, wenn man eigentlich nicht mehr kann und keinen hat, der einen im Körbchen transportiert!

Angeline schimpfte auf den Macho, weil eine Frau bei gleicher Größe gut ein Drittel weniger Muskelmasse besitzt als ein Mann. Das heißt, SIE muss für dieselbe Strecke gut ein Drittel mehr Kraft aufwenden. Die meisten Männer sind zudem auch noch größer als ihre Frauen. Da kann so ein Typ leicht den Kraftmeier raushängen lassen und seine Frau als Schlaffsuse hinstellen – in Wahrheit hat sie viel mehr geleistet als er! Deshalb, Mädels, ein Wort von Hund zu Frau: Lasst euch von euren Männern nicht niedermachen!

Auch ich war an diesem Abend fix und fertig. Meine Leute haben mir mein Hundebett unter den Tisch gestellt, und ich habe mich hingelegt. Kopf aufs Kissen, die Pfoten über die Augen und ratzen. Bei mir geht das nicht so wie bei meiner Menschin, die nachts im Bett wachliegt und sich damit herumquält, was sie bereits getan hat und was sie noch tun sollte, mit wem sie im Clinch liegt und ob sie morgen wohl ihr Arbeitspensum schaffen wird. Und beim Aufstehen fühlt sie sich dann wie neunmal gefaltet, gegessen und wieder ausgespuckt. Ich halte das anders, ich schließe die Augen und schlafe. Fertig. Ab und zu träume ich natürlich von Eichhörnchen, Katzen oder blöden Laufenten, aber träumend geschlafen ist schließlich auch geschlafen.

Mein Hundebett haben sie mir übrigens extra für diese Reise gekauft. Zu Hause besitze ich ein Körbchen. Aber das wiegt zwei Kilo, und das Hundereisebett nur eins. Und René muss meinetwegen eh schon genug schleppen.

Jetzt könnte natürlich der ein oder andere Schlaumeier fragen: „Was muss der Hund auch unbedingt ein Bett dabeihaben?“

Kann ich Ihnen erklären. Erstens weiß ich dann, egal in welchem Hotelzimmer wir landen, immer gleich, wo mein Platz ist - my bed is my castle! - und wenn meine Leute ohne mich zum Essen gehen, dann bleib ich nicht allein zurück, denn mein Bett ist ja bei mir.

Und zweitens wirkt das ungeheuer beruhigend auf Hoteliers. Wenn meine Menschen nach einem Zimmer fragen und dann eingestehen müssen, dass sie mich auch noch dabeihaben, weisen sie umgehend darauf hin: „Aber wir haben auch sein Hundebett dabei!" Soll nämlich Leute geben, die ihre Hunde, Katzen oder Laufenten im Bett schlafen lassen, und das mögen Hoteliers nun mal nicht. Hören sie aber ‚eigenes Hundebett' sind sie sofort beruhigt. Einmal durften wir sogar in einem Hotelzimmer schlafen, in dem innen auf einem Schild an der Tür in fetten Lettern stand: Für Haustiere verboten!

So ein Hundebett mitnehmen ist ja auch kein Ding. Meins wurde im Hänger auf den zusammengefalteten Regenklamotten transportiert und leistete mir auch während des Transportes als Ruhestätte Dienste. Dahinter meine Reisetasche, Werkzeug und anderer Kram und eine Proviantkiste für das Mittagspicknick. Roch verdammt verführerisch, aber leider kam ich an den Inhalt nicht ran, denn die Kiste hatte einen Verschluss, den ich nicht knacken konnte.

So, jetzt ist's aber für heute wirklich genug! Ich brauch meinen Schlaf - gute Nacht Leute!

50 Kilometer, von La Punt bis Scuol.

Übernachtung im Hotel Collina gegenüber der Touristeninformation.

Gutbürgerlich, Zimmer sehr geräumig, Hund wurde nicht extra berechnet, zum Hotel gehört eine Pizzeria.

Die Strecke war teilweise geschottert, führte über steile (Wald-)Wege und war darum in einzelnen Abschnitten schwer befahrbar. Auf den Straßen oft lange und behäbige Anstiege, dafür wieder entsprechende Abfahrten.

Übrigens - die Schweizer haben wir allgemein als sehr hundefreundlich erfahren.

Von Scuol nach Landeck in strömendem Regen

Leider behielt die Wirtin Recht. Am nächsten Morgen hatten wir Regen und nur fünf Grad, und die Schneegrenze war beängstigend nahe gerückt! Meine Menschen haben die Handschuhe und Stirnbänder rausgekramt, die Regenklamotten angezogen – zum Glück hatten sie welche! – und mich im Hänger verstaut, damit wenigstens ich nicht nass werden sollte. Aber kaum hundert Meter weiter standen wir vor einer Steigung von 25%. Mich also wieder raus aus dem Hänger (ich wiege immerhin 9 ½ Kilo!) und am Springer angeleint. So konnte ich Angeline ein bisschen helfen. Sie schiebt, ich ziehe. René musste meine Karre allerdings allein hochbringen.

Ich finde, an dieser Stelle ist mal wieder Zeit für eine kleine Unterrichtsstunde. Muss ja unter Beweis stellen, dass ich nicht laufentendoof bin. Lesen Sie auf einem Verkehrszeichen die Angabe von 25% Steigung, bedeutet das, dass pro 100 Meter in waagerechter Richtung die Höhe um 25 Meter zunimmt. Nun hat man 25 durch 100 zu dividieren, wäs zum Ergebnis 0,25 führt, und so kommt man auf die 25%. Fazit: Sie sind dann zwar fünfundzwanzig Meter höher, aber nur hundert Meter weiter. Und das ist für Menschen, die Fahrräder mit Hänger und Gepäck schieben müssen, ziemlich anstrengend! Mir persönlich macht's eher weniger aus.

Droben setzten sie mich wieder hinten rein. Wir nahmen die Straße. Ich konnte sehen, wie René sich abstrampelte. Wir hatten Gegenwind, und zwar heftigen! Der Regen peitschte meinen Menschen ins Gesicht. Dann hörte er auf, aber nur für kurz. Bei San Nicolà wollten wir auf den Radweg wechseln. Der Wegweiser zeigt irgendwo nach rechts. Meine Leute folgten ihm, aber es war doch ziemlich seltsam, der Weg ging über eine Weide (roch gewaltig nach Kühen!), führte dann direkt am unbefestigten Innufer entlang und immer wieder durch Sandlöcher. Mir machen Sandlöcher nichts aus, aber meine Menschen mussten mit ihren bepackten Rädern und meinem Anhänger ganz schön schuften.

Zum Glück mündete der Radweg bald auf eine schmale Teerstraße - dafür goss es jetzt wieder.

Bei Sur En, einem kleinen Dorf mit nur ein paar Häusern, wechselten wir nochmal auf die Hauptverkehrsstraße, weil der Reiseführer auf dem Radweg starke

Steigungen bei schwer befahrbaren Wegen ankündigte.

„Bevor wir in Schlammlöchern versumpfen …“, sagten meine Menschen und schoben mich mal wieder in den Hänger ab.

Aber wirklich erheiternd war es auf der Straße auch nicht. Wenn Autos so mit 100 Stundenkilometern an einem vorbeidonnern, in unübersichtlichen Kurven überholen und sich dann wegen des Gegenverkehrs zwischen einen drängen, macht das schon Angst. Dazu bekamen wir zu den Wassermassen von oben hin und wieder auch noch eine Ladung Pfützenspritzwasser ab - da war ich dann aber doch froh, dass ich ein Dach über dem Kopf hatte.

In Martina - das ist der Grenzübergang, an dem man die Schweiz verlässt und etwa zehn Kilometer durch Niemandsland fährt - werden die Radfahrer ganz offiziell auf die Straße geleitet, denn dort ist das Tal zwischen zwei hohen Bergen so eng, dass außer Inn, der Bahntrasse und der recht schmalen Straße nichts mehr Platz hat. Einmal mussten wir sogar durch einen Tunnel fahren, das war ziemlich unangenehm, und wir waren heilfroh, als wir vier Kilometer vor

Pfunds, am österreichischen Grenzübergang, wieder auf einen Radweg wechseln konnten.

Weil die an der Grenze eine Toilette hatten, sind meine Menschen mal schnell für kleine Jungs und Mädels gegangen. Als sie zurückkamen, erzählten sie sich, dass sie bis auf die Haut nass waren – trotz Regenkleidung! Das hatten sie im Eifer des Gefechts gar nicht bemerkt, und solange man warm ist, macht's ja auch nichts. Problematisch wird es erst, wenn mensch abkühlt. Bei uns Hunden ist das anders. Wir schütteln uns kräftig, wälzen uns auf dem Teppichboden, robben mit dem Bauch über Perser oder Flokati und rollen uns dann in irgendeiner Ecke möglichst klein zusammen. Das können meine Menschen natürlich nicht – das heißt, sie könnten schon, aber wie würde das denn aussehen? Deshalb kehrten wir in einem Gasthaus ein, dort zogen sie sich auf der Toilette um.

Meine Menschen waren überhaupt ziemlich tapfer an diesem Tag. Der Regen, die Kälte, die schwierige Strecke, und bei all dem sind sie statt der geplanten 46 auch noch 64 Kilometer geradelt!

Das kam so: Angeline hatte Übernachtung in Ried geplant, allerdings kein Zimmer vorbestellt. René wollte dann aber unbedingt noch bis Landeck fahren. Sie sagte: „Warum? Wenn wir morgen früh loskommen, sind wir schon gegen zehn, spätestens elf Uhr in Landeck. Da kannst Du dann gleich los, das Auto nachholen, und in ein paar Stunden bist du zurück."

Schwierige Strecken in den Alpen – Nicht immer war uns das Wetter so hold

Er entgegnete: „Wer weiß, vielleicht regnet es morgen immer noch, dann bin ich nass, wenn wir ankommen, und ich muss duschen und andere Sachen anziehen, bevor ich wegkomme. Mir ist es lieber, ich kann mich gleich nach dem Aufstehen gemütlich zum Bus trollen.“

Sie: „Aber ich bin müde, ich kann jetzt nicht noch mal achtzehn Kilometer fahren.“

Er: „Das schaffst du schon!“ Punkt und aus.

Ich habe ihn angesehen, ich habe sie angesehen und an die Leute von gestern gedacht. Angeline war schließlich fix und fertig, und ich war auch reif für `ne Dose! Ist René etwa derselbe Macho wie der Typ von gestern?

Mir fiel wieder ein, wie sie sich zu Hause alles so romantisch ausgemalt hatten: Reisen wie zu Goethes Zeiten! Die Landschaft, zum Greifen nah, zieht gemächlich an Dir vorüber. Du riechst das Gras, die Blumen, den Fluss, du spürst das Wetter ‚hautnah‘ (!!!). Und mehr als 50 oder auch mal 60 Kilometer pro Tag schaffst du nicht … Hab ja gleich gewusst, dass die Wirklichkeit etwas weniger blumig aussehen würde.

Angeline hat sich überreden lassen weiterzufahren und ist uns unter Murren gefolgt. „Frauen fügen sich, weil sie sonst befürchten müssen, Zicke genannt zu werden", hat sie René angemosert.

„Quatsch."

„Kein Quatsch! Wenn wir Frauen streiten, heißt es immer gleich ‚Zickenkrieg'. Männer, die streiten, haben natürlich eine ernsthafte Auseinandersetzung."

Angeline war sauer, hatte aber versucht, sich das nicht anmerken zu lassen. René hatte ein schlechtes Gewissen, hatte ebenfalls versucht, sich das nicht anmerken zu lassen. Und ich lief daneben her und versuchte so zu tun, als ob nichts wäre. Für mich ist das echt schwer. Zwar öffnen sie mir auf jeden Fall immer eine Dose, egal wie sauer sie aufeinander sind, aber als harmonieliebender Familienhund will man schließlich, dass alle glücklich und zufrieden sind.

Wenigstens mussten wir in Landeck nicht lange nach einem Gasthaus suchen, denn das hatte Angeline wiederum vorbestellt. Allerdings waren wir ja jetzt einen Tag zu früh dran! Doch denen im Gasthaus war es recht, dass wir zwei Nächte bleiben wollten, die hatten freie Zimmer genug.

Während Angeline auspackte und mich mit Futter versorgte, ging René schon mal zur Touristeninfo, um sich zu erkundigen, wo morgen der Postbus starten würde, von dem er im Internet gelesen hatte, dass er etwa stündlich fuhr. Aber von wegen stündlich! Von so einem Bus wusste hier niemand. Es gab zwar eine Verbindung nach Maloja, aber der Bus fuhr morgens und dann wieder mittags – und das war genau der Bus, den wir auch hätten nehmen müssen, wenn wir mit der Bahn angereist wären. Bedeutete eine kleine Weltreise und viermal umsteigen!

René kam zurück und sagte mit leisem Triumph in der Stimme: „Da kann ich wirklich froh sein, dass ich morgen gleich in der Früh loskomme und den ganzen Tag Zeit habe! Wenn wir erst gegen elf angekommen wären, hätte ich womöglich noch den Mittagsbus versäumt, und wir hätten einen zweiten Ruhetag einlegen müssen."

Angeline und ich haben Blicke getauscht – was soll man da noch sagen.

Aber auf Sieg folgt Schlappe, so ist das nun mal im Leben. Deshalb erzähle ich jetzt auch, was René am Abend angestellt hat. Es könnte ihm peinlich sein, aber Angeline hatte sich fast totgelacht.

Um Platz im Gepäck zu sparen, hatte sie etwas Calendulasalbe für eventuelle Schäden am verlängerten Rücken aus dem riesigen Salbentopf in ein kleines schwarzes Töpfchen umgefüllt. In diesem Töpfchen war einst Augenmakeupcreme gewesen. Die trägt Angeline aufs Augenlid auf, dann hält der Lidschatten besser. Augenmakeupcreme hatte sie natürlich auch dabei, weil sie ohne Lidschatten und Wimperntusche nicht aus dem Haus geht. Sie sagt, sonst fühlt sie sich ‚nackt‘, und nackt will sie nicht radeln. Es waren also zwei gleiche Töpfchen mit grundverschiedenem Inhalt im Kulturbeutel. Egal, hatte sie gedacht, man erkennt es ja, weil die eine Creme weiß und die andere hautfarben ist.

Als wir in Landeck ankamen – 6 Stunden im Sattel! – benutzte Angeline das Töpfchen mit der Calendulasalbe, hielt es René hin und fragte: „Du auch?“

Er schüttelte den Kopf. Quatsch, Salbe! So was hat ein echter Kerl doch nicht nötig!

Am nächsten Morgen, als Angeline sich schminken wollte, stieß sie einen Entsetzensschrei aus! „Was ist mit meiner Augenmakeupcreme passiert?“ Sie kam aus dem Bad, hielt das Töpfchen hoch und sah mich bohrend an – als ob ich ein kleines schwarzes

Töpfchen klauen, vorsichtig aufdrehen, den Inhalt verspeisen und dann wieder zudrehen würde!

Ich sah René an, und René sah Angeline an. Er hob beide Augenbrauen, was er immer tut, wenn er sich wundert. „Warum Augenmakeupcreme? - Calendulasalbe!"

Angeline klappte den Mund auf und wieder zu. Sie wollte sich gerade ärgern, so eine Creme ist nicht billig, aber dann siegte doch ihr Humor, und sie brach in schallendes Gelächter aus. Ob René seinen Allerwertesten etwa schminken wollte, und ob der jetzt wohl ein hübscheres ‚Gesicht' hatte?

René ließ sie lachen, er wusste, das würde ihr gleich vergehen. Er hatte nämlich inzwischen aus dem Fenster geguckt, und das tat Angeline jetzt auch. Boh, und da ist sie ganz schön erschrocken. Dort drüben, der Berg, der war gestern noch grün gewesen, jetzt reichte der Schnee fast bis zur Stadt herunter. Wie mochte es da wohl erst droben in Maloja aussehen?

War dann aber gar nicht so schlimm. Als René am Spätnachmittag mit dem Auto zurückkam, meinte er lapidar: „Droben in der Schweiz hat es auch bloß auf den Bergen geschneit."

Ich fasse jetzt mal kurz zusammen, was er über seine Fahrt berichtete: Es fing schon mit einem Abenteuer der ganz besonderen Art an. Als er nämlich am Bahnhof auf den Bus wartete, fuhr der Orientexpress ein. René hatte eine Dreiviertelstunde Zeit, da nutzte er die Gelegenheit und besah sich den Zug, und er sah wirklich so aus, wie man ihn von Fotos kennt. War mit Lämpchen und goldenen Schnörkeln verziert und hatte einen super eleganten Salonwagen. Angeline war richtig neidisch, dass sie den Zug nicht auch gesehen hatte, und ich habe mich gefragt, ob ich da als Hund überhaupt mitreisen dürfte?

Der Orientexpress dampfte wieder ab, und René stieg in den Postbus ein. Er fand heraus, dass es sich tatsächlich um denselben Bus handelte, den wir hätten nehmen müssen, wären wir per Bahn und Bus nach Maloja gefahren.

Eine Gruppe von Männern stieg mit ihm ein. Sie hatten Räder dabei, die auf einen Anhänger für Fahrräder geladen wurden. Der Postbus fuhr aber bloß bis Nauders, ein Grenzstädtchen zwischen Österreich und der Schweiz. In Nauders musste René in einen Schweizer Bus umsteigen, der bis Scuol ging und keinen Hänger für Fahrräder hatte. Die Männer mit den

Rädern stiegen in Nauders aus, um von dort nach Italien zu radeln.

In Scuol ging es für René mit einer echten Schweizer Bummelbahn weiter nach St. Moritz. Wenn jemand unterwegs aussteigen wollte, musste er klingeln, dann stoppte die Bahn. Halten auf Verlangen nennen die das. Von St. Moritz bis Maloja wieder per Bus, und so war René für die einfache Strecke insgesamt fünf Stunden unterwegs gewesen! Gekostet hat der ganze Spaß übrigens 28 Dosen, in Bares umgerechnet gut 50 Euro. Oben angekommen fuhr er mit unserem Auto nach Landeck zurück, parkte dort am Bahnhof (ist kostenlos) und lief zum Hotel - hat insgesamt noch einmal drei Stunden gedauert. Macht acht Stunden! Also von wegen ‚schnell mal eben' das Auto holen – damit ist nix.

Als René ins Hotel kam - Angeline und ich hatten es uns gerade vorm Fernseher gemütlich gemacht, um einen Tierfilm anzusehen - war er denn auch reif für ein gutes Essen und ein kühles Bier! Sie haben Spargel bestellt – das habe ich gerochen, als sie zurückkamen. Na ja, ich weiß nicht. Ich persönlich hätte mich für ein Kotelett entschieden. Noch besser zwei, dafür ohne Beilagen.

Beim Essen haben meine Menschen übrigens Leute getroffen, die dieselbe Tour hinter sich hatten. Die waren mit dem Zug angereist, dann wurden sie mit ihren Stahlrössern ab Landeck mittels Direkttransfers nach Maloja gebracht. Die Transferfirma befördert auch das Gepäck von Quartier zu Quartier und organisiert die Übernachtungen. Das kostet natürlich! Bequem ist es aber schon. Die Firma findet man ganz leicht im Internet. Ein bisschen googlen, und voila!

So gingen also die ersten drei Etappen unserer Reise durch die Schweiz zu Ende. Von zu Hause mit dem Auto nach Maloja. Mit dem Rad an drei Tagen durch die schöne aber leider sehr teure Schweiz bis Landeck in Österreich. Hier einen Ruhetag eingelegt, um das Auto nachzuholen. Das waren bloß vier Tage, und ich hatte schon eine ganze Menge erlebt!

Ich wette, Sissis Fell wird vor Neid noch blasser werden, als es ohnehin schon ist, wenn ich ihr all das ins Ohr blaffe, denn eine Radtour wird die bestimmt nie machen können. Oder haben Sie schon einmal gehört, dass man einen Irischen Wolfshund fünfmal faltet, dann in ein Körbchen auf dem Sozius stopft und über die Alpen kutschiert? Das würde wirklich ganz schön bescheuert ausschauen!

Zusammenfassung der 3. Etappe:

64 Kilometer, von Scuol bis Landeck (Österreich).
Steigungen, teilweise vielbefahrenen Autostraßen,
auf denen das Fahren nicht ungefährlich ist.
Übernachtung Gasthof Greif, einfache Zimmer, Fahr-
radgarage etwa 20 Meter vom Haus entfernt.
Das Frühstück war enttäuschend, der Kaffee fast un-
genießbar. Besser ohne Frühstück buchen und ein
paar Häuser weiter im Kaffeehaus frühstücken.
Hund wurde nicht berechnet.

Reifenpanne auf dem Jakobsweg

Als Angeline am Morgen die Vorhänge aufzog, fiel immer noch kein einziger Sonnenstrahl herein, aber wenigstens regnete oder schneite es nicht. Mit den üblichen Morgenritualen wie Duschen und Zähneputzen (nur meine Menschen, ich nicht), ausgiebig gähnen und dehnen (nur ich, meine Leute nicht) Parkrundgang mit Beinheben und Hundezeitung lesen, Radtaschen packen und frühstücken, waren wir gegen neun Uhr fertig und konnten uns frischen Mutes aufs Bike schwingen.

Der morgendliche Blick auf die Karte hatte meine Menschen etwas frustriert, denn der Radweg schien die meiste Zeit an der Autobahn entlang zu führen. Aber so schlimm war es dann gar nicht. Die Strecke war relativ leicht zu fahren, häufig auf geteerten Wegen durch wunderschöne Landschaft, die Autobahn hinter hohen Hecken und Bäumen versteckt oder so weit entfernt, dass sie uns gar nicht störte. Hier der Fluss, von Wäldern und Bergen begrenzt, dort weite Täler. Hie und da auch mal ein Bahndamm, denn der Radweg führt teilweise an der Eisenbahnstrecke nach Imst entlang. Ich konnte meist freilaufen oder saß gemütlich auf dem Sozius, ließ mir den Fahrtwind um die Nase wehen und blinzelte in die Sonne, die sich endlich durch die Wolkendecke gekämpft hatte. Im Sonnenschein Radfahren, ist doch irgendwie schöner als im Regen oder grauen Nebeldunst.

Unterwegs trafen wir immer wieder drei attraktive Damen, die mal vor uns radelten, nach einer Pause wieder hinter uns. Als sie mich auf dem Sozius sitzen sahen, riefen sie: „Ach guck doch nur, wie süß!" René fühlte sich wie üblich angesprochen und winkte stolz zurück.

Unsere Route kreuzte einige Male den Jakobsweg, oder wir fuhren ein Stück auf ihm. Hin und wieder kamen uns Wanderer entgegen. Einige in Gruppen, viele allein. Die meisten waren freundlich, lächelten, traten auf schmalen Wegen zur Seite. Doch andere schienen sich mit Absicht breit zu machen, so dass wir kaum vorbeipassten. Einmal, als René klingelte - was er aus Gründen der Vorsicht immer tut, wenn wir von hinten an Fußgänger heranfahren - hörten wir, wie uns die Wanderer, die wir überholt hatten, nachriefen: „Verdammte Radfahrer, warum geht ihr nicht zu Fuß!“

Das hat meine Menschen doch erstaunt. Sie waren der Meinung, wer auf dem Jakobsweg wandert, hat eine positive Grundhaltung, geht mit Gott und einem offenen Herzen. Als wir einige Tage später in Rosenheim einen Radreisenden trafen, der nach Frankreich unterwegs war, kamen sie auf das Thema zu sprechen. Meine Menschen erzählten ihm von ihrem Erlebnis mit den Pilgern, und er bestätigte, dass ihm Ähnliches auf dem Jakobsweg nicht nur einmal passiert sei.

Es scheint da ein Problem zwischen Fußgängern und Radfahrern zu geben. Tatsächlich haben wir zu

Hause, auf unserer Sonntags-Radtour um den Chiemsee schon einige Male beobachtet, dass manche Radfahrer zu schnell auf Wegen mit Fußgängern unterwegs waren und einige Fußgänger absichtlich die Wege in einer Weise blockierten, dass man sogar anhalten und absteigen musste. Ich kann nur sagen: Leute, nehmt Rücksicht aufeinander und euch ein Beispiel an mir. Wenn mir ein Artgenosse den Weg verstellt, belle ich nicht und beiße auch nicht, markiere nur kurz das Revier und mache dann einen großen Bogen um ihn.

Wir fuhren vorbei an Imst und Roppen, waren irgendwo zwischen Haiming und Tams, als unser Anhänger einen Platten bekam. „Ach, du lieber Strohsack!", rief Angeline und René brummelte irgendetwas, stieg ab und kramte sein Werkzeug heraus. Reifen abmontiert, Schlauch herausgezogen, Luftpumpe angesetzt. René pumpte. Pfft-pfft-pfft. Aber nichts passierte. Heißt, kein Lufthauch landete dort, wo er hinsollte, nämlich in den Schlauch. Renés Gebrummel wurde konkreter, um nicht zu sagen, er fluchte recht unfein.

„Was ist?", fragte Angeline.

„Luftpumpe kaputt", knurrte er.

Sie sahen sich um. Ein einziges Haus, sonst weit und breit nichts. René klopfte und klingelte, keiner rührte sich. Er kam zurück, und meine Menschen sahen sich mit dem Ausdruck der Verzweiflung an. „Was nun?"

Ich lag daneben, Pfoten vor mir verschränkt und wartete geduldig ab. Was solche Dinge betrifft, habe ich ein gewisses Gottvertrauen. Ich weiß: Immer, wenn du glaubst, es geht nicht mehr, kommt von irgendwo ein Lichtlein her.

Das Lichtlein hatte zwei Beine, war männlich und Ende zwanzig. Es wohnte in dem Haus, an dessen Tür René gerade vergeblich geklingelt hatte. Keine Ahnung, warum der nicht gleich geöffnet hat. Aber na ja, vielleicht saß er ja gerade auf der Toilette, oder musste seinem Hund eine Dose öffnen. Jedenfalls fragte er freundlich, ob er uns helfen könne.

René hielt ihm den kaputten Schlauch hin. „Hätten Sie vielleicht eine Luftpumpe, unsere ist kaputt?"

„Nö." Er schüttelte den Kopf. „Aber einen Kompressor."

Was ein Kompressor ist, weiß ich zwar nicht, aber René war sofort hellauf begeistert. Er zog mit dem

Mann ab, ich musste mal wieder bei Angeline bleiben. Immer, wenn's interessant wird, darf ich nicht mit! Dauerte aber nicht lange, und er bog mit aufgepumptem Schlauch wieder um die Ecke, hielt ihn im Garten des Mannes in einen kleinen Fischteich und ermittelt so, an welcher Stelle sich das Loch befand. „Aha", sagte er, klebte es mit einem Schlauchpflaster ab und stopfte den Schlauch wieder in den Reifen.

Da fällt mir ein Sprichwort ein, das Angeline gerne von sich gibt: „Ein kleines Loch stopf zu, sonst wird es groß im Nu!" Na ja, ob das in diesem Fall wirklich zutrifft, keine Ahnung. Auf jeden Fall war der Schaden behoben, und wir konnten weiter.

Im nächsten Ort hielten meine Menschen bei einer Gartenwirtschaft an, bestellten für mich Wasser und für sich Cappuccino. Das Wasser rührte ich nicht an, wartete auf ein Leckerli, das mir die Bedienung vielleicht bringen würde. Aber die ließ sich leider lumpen. Dafür verwickelte sie meine Menschin in ein Gespräch über mich und unsere Radreise. Woher, wohin ... na ja, Smalltalk halt.

Angeline beantwortete geduldig alle Fragen. Irgendwann kamen sie auf den Anhänger zu sprechen und auf die Sache, dass Hunde im Normalfall nur vier bis fünf Stunden von vierundzwanzig aktiv sind. Das fand die Bedienung Quatsch. In barschem Ton behauptete sie, dass sie einen Bekannten hätte, der besäße einen Husky, und mit dem würde er mindestens sechs, eher sieben Stunden täglich spazieren gehen.

Angeline hat darauf nichts mehr geantwortet, das kenne ich schon von ihr, da schweigt sie dann lieber. Doch als die Frau weg war, sagte sie zu René in giftigem Ton: „Wenn der mindestens sechs, aber eher sieben Stunden mit seinem Hund spazieren geht, muss er entweder Frührentner oder von Beruf Hundespazierenführer sein." Und ich fügte im Gedanken an: Außerdem sind fünf Stunden spazieren gehen gar nix gegen drei Stunden neben dem Rad herlaufen und dann nochmal drei auf dem Sozius sitzen und Eindrücke sammeln. Na gut, einem Husky machen drei Stunden laufen vermutlich nichts aus, so ein Schlittenhund kann bei gutem Training bis zu 250 Kilometer täglich zurücklegen, aber fragen Sie mal einen Dackel!

Kurz vor ‚Stift Stams', einem Kloster, von dem Angeline behauptete, es sei eine der berühmtesten Klosteranlagen Österreichs und ‚echt sehenswert', trafen wir die drei attraktiven Damen wieder. Sie saßen in einer Kneipe am Weg, winkten uns fröhlich zu, lachten und ließen es sich gut gehen.

René ließ sich zu einem Kloster-Stopp überreden, ging dann aber nicht mit in die Kirche, sondern setzte sich mit mir in den Park. Angeline behauptet immer, in Kirchen findet man die größten Kunstschätze, René hält dagegen, eine Kirche sei wie die andere; hat man fünf gesehen, kennt man sie alle. Ich persönlich war noch nie in einer Kirche und kann mir deshalb kein Urteil erlauben. Jedenfalls fand ich es draußen auch nicht schlecht, ständig kamen irgendwelche Amseln angeflogen, die ich mit Wonne verjagen konnte.

Von Stams aus hatten wir nur noch zehn Kilometer bis Telfs, wo wir die Nacht verbringen wollten. Wir fanden Quartier in einer ehemaligen Schreinerei. Dort war es klasse, denn die hatten Hühner zum Aufscheuchen und einen Hund, mit dem ich um die Wette beinheben konnte.

Der Hund war allerdings krank, er hatte handtellergroße Ekzeme auf Rücken, Kruppe und Flanken. Wie Frau Stubenböck, die Pensionsbesitzerin, erzählte, bekam er das, als sie mal eine Woche ohne ihn verreiste. Die teuersten Salben hätte sie ausprobiert, aber nichts hätte geholfen. René, der Klassischer

Homöopath ist, wusste gleich, was los war. Die Hautprobleme kamen durch den Trennungsschock (kann ich gut verstehen!). Er sagte Frau Stubenböck, welche Globuli sie besorgen und wie sie sie verabreichen sollte, und kaum waren wir ein paar Tage zu Hause, kam auch schon eine E-Mail aus Telfs:

>Die offenen Stellen heilen ab! Danke!!!< – mit drei Ausrufezeichen.

Angeline und ich packten aus, René stellte die Räder unter Dach, danach gingen wir in den Ort. Als erstes kauften René eine neue Luftpumpe, dann suchten meine Menschen nach einem Restaurant. Sie fanden einen Nepalesen und freuten sich, denn das sei doch mal was Anderes. Was ein Nepalese ist, weiß ich nicht, klingt aber irgendwie gefährlich. Chinesen essen schon mal Hunde, habe ich mir sagen lassen, und Nepalese hört sich ganz ähnlich an wie Chinese. Da kann man sich vorstellen, dass ich froh war, als ich mit heilem Fell das Restaurant wieder verlassen und kurz darauf vor der ehemaligen Schreinerei in alter Frische Hühner erschrecken konnte.

Foto nächste Seite: Vom kleinen Bach zum großen Fluss angestiegen

Zusammenfassung der 4. Etappe:

53 Kilometer, von Landeck bis Telfs.

Die Strecke ist gut zu fahren.

Übernachtung Pension Stubenböck, günstig und ordentlich, Unterstellmöglichkeit

für Räder in einem Schuppen, Hund wurde nicht extra berechnet.

Sehenswertes entlang dieser Strecke:

Zammer Lochputz, Haus der Fastnacht in Imst, Rosengartenschlucht (Imst), Bergbaumuseum (Imst), Alpine Coaster – die längste Alpen-Achterbahn der Welt, Biermuseum (Imst), Stiftskirche von Stams, die Friedensglocke des Alpenraumes' in Mösern, einem Ortsteil von Telfs.

Nach Innsbruck neben der Autobahn

Sie erinnern sich: Frauen sind Sammler, sie sammeln auch Sehenswürdigkeiten, Männer sind Jäger und reißen viel lieber Kilometer runter. Diesmal setzte sich aber meine Menschin durch. Sie wollte Innsbruck besichtigen, und nicht nur das, sie wollte auch in Innsbruck übernachten.

„Ich will keinen neuen Streckenrekord aufstellen, sondern was erleben", murrte sie.

Diesmal gab René nach. Allerdings mit langem Gesicht. Zeitverschwendung! Waren ja nur dreißig Kilometer von Telfs nach Innsbruck, könnte man gut nochmal zwanzig bis dreißig dranhängen! Und Innsbruck kennt man schließlich!

„Du vielleicht, ich war hier vor fünfundzwanzig Jahren zum letzten Mal", sagte Angeline - und ich noch nie, fügte ich in Gedanken an, hielt aber die Klappe. Wenn Ehepaare sich streiten, hält man sich besser raus.

Der Weg nach Innsbruck war bis Inzing ganz in Ordnung, ab dann ging er aber an der Inntalautobahn entlang, und das war kein wahres Vergnügen. Es rasen dir Brummis entgegen, fetzen Autos an dir vorbei, jaulen Motorräder auf. Da hilft nichts als strampeln, um die Sache möglichst schnell hinter sich zu bringen. Also schnallten meine Menschen mich im Körbchen an und traten in die Pedale. Gut eine Stunde Fahrt, und die Sache war ausgestanden.

In Innsbruck blieben wir bis zur ‚Innbrücke' auf dem Radweg. Dort ging es rechterhand über die Brücke in die historische Innenstadt, linkerhand entdeckte Angeline ein Hotel. „Super", sagte sie, „hier bleiben wir."

Sie ging hinein, um nach einem Zimmer zu fragen. Der Preis war okay, und mit mir hatten die auch kein Problem. „Und für die Räder gibt's eine Unterstellmöglichkeit im Keller", erzählte sie, als sie wieder herauskam. „Es kommt gleich einer, der schließt uns auf."

Wir warteten also am Eingang zum Keller. Bald wurde von innen die Tür geöffnet, und der Herr Kellereinweiser stand vor uns. „Bitte!" Er deutete auf einen dunklen Flur. Angeline und René tauschten Blicke. Früher haben die da Fässer hinein gerollt und meterlange Eisstangen zum Kühlen durchgeschleppt, heute war der Flur rechts und links mit Bierkästen und sonstigem Zeug zugestellt, es blieb gerade mal so viel Platz, dass man ein Fahrrad durchmanövrieren konnte. Doch ob der schmale Durchgang auch für den Hänger breit genug war?

„Schaffen wir schon", meinte der Herr Kellereinweiser.

Die beiden Männer hoben und schoben, bugsierten und drückten. Ich trottete mit Angeline hinterher und passte auf, dass sie alles richtig machten. Schließlich war es geschafft, der Hänger stand neben den Rädern im ehemaligen Eiskeller, und wir konnten sicher sein, dass diese Nacht keines unserer Fahrzeuge gestohlen werden würde.

Das Zimmer war klein, aber in Ordnung. Es lag hinten raus mit Blick auf einen Innenhof. Das war schade, weil ich nun mal gerne auf dem Fensterbrett sitze und rausgucke, aber andererseits auch gut, da man keinen Straßenlärm hörte. Und Sie wissen ja, ich brauche meinen Schlaf.

Was soll ich Ihnen über Innsbruck erzählen? Eine interessante Stadt mit vielen großartigen Sehenswürdigkeiten. Zumindest behauptet Angeline das. Ich persönlich kann mir nicht wirklich ein Urteil erlauben, denn immer, wenn sie in eine Kirche oder ein Museum ging, musste ich mit René draußen warten, weil diese blöden Schilder an den Türen klebten, auf denen ein durchgestrichener Hund zu sehen ist. ‚Wir müssen draußen bleiben' steht drunter, was ich echt bescheuert finde.

An diesem Tag war es mir allerdings ganz recht, denn ich war wirklich fix und fertig. Hab mich mit Mühe durch die Altstadtgassen geschleppt, von deren Wänden die A- und O-Rufe begeisterter Touristen widerhallten. Hatte nicht einmal mehr die Kraft mein Haupt dem berühmten ‚goldenen Dachl' entgegenzuheben, das in der Sonne zu vollem Glanz erstrahlte, schaffte es nur mit Müh und Not, am Andreas Hofer-Denkmal mein Bein zu heben, um kundzutun, dass ich hier war und Innsbruck, die Hauptstadt Tirols, als mein Revier beanspruche.

So fertig war ich, dass mich meine Menschen nach zwei Stunden ins Hotel brachten, wo ich in mein Reisebett fiel und durchpennte bis zum nächsten Morgen. Nicht das Laufen war es – Gruß an alle Huskys – das mir den Rest gegeben hatte, sondern die vielen Eindrücke all die Tage lang, und weil ich es halt verdammt noch einmal hasse, im Hänger ruhen zu müssen und darum immer wieder durchsetze, auf dem Sozius fahren zu dürfen. Vielleicht sollte ich mich da doch einmal dem guten Rat meiner Menschen fügen? An Tagen wie diesem nehme ich es mir vor, aber kaum geht es mir wieder besser ... ich kann halt nicht anders!

Ich schlief also im Hotelzimmer den Schlaf der Gerechten. Muss dazu sagen, mich kann man gut im Hotel allein lassen, ich würde niemals Rabatz machen! Meine Menschen gingen noch einmal in die Stadt, aßen lecker und ließen es sich anschließend bei Reggaemusik in einer ‚Strandbar' am Innufer gutgehen. Das weiß ich, weil sie sich beim Frühstück darüber unterhielten, wie großartig das ist, sich mitten im Gebirge wie auf Jamaika zu fühlen – na ja, ansatzweise wenigstens, weil statt Blick auf Palmen und Meer natürlich Blick auf Berge und Innhäuserzeile. Aber immerhin Sandstrand, heiße Musik und kühle Drinks.

Was mich betrifft, brauche ich allerdings weder heiße Musik noch kühle Drinks. Mir würde ein Napf mit Leckerli neben meinem Reisebett vollauf genügen.

Zusammenfassung der 5. Etappe:
30 Kilometer, von Telfs bis Innsbruck.

Ab Inzing führt der Radweg etwa 17 Kilometer direkt an der Inntalautobahn entlang. In unserem Radreiseführer wird eine Alternativstrecke über Kematen aufgezeigt. Wir haben die Abzweigung aber übersehen. Die Autobahn gleich nebenan war laut und darum unangenehm, wir haben diesen Streckenabschnitt jedoch nicht als schwer befahrbar erlebt, so wie es in unserem Radreiseführer beschrieben stand.

Übernachtung ‚Gasthof Innbrücke‘, Unterstellmöglichkeit fürs Rad, Hund erlaubt.

Sehenswürdigkeiten – fraglos ist Innsbruck eine Reise wert, es wäre schade, würde man einfach nur vorbeiradeln.

Wer Lust auf ein ‚Nacktbad‘ hat, in Innsbruck gibt es das FKK-Strombad.

Foto: Altstadt von Innsbruck mit Blick auf die Berge

Von Glitzersteinen und einem lustigen Friedhof

Nachdem wir Räder und Hänger wieder aus dem dunklen Keller des Hotels befreit hatten, ging es weiter. Ich war ausgeschlafen und bester Laune, meine Menschen wirkten auch zufrieden, und die Sonne schien. Was will man mehr?

Ein Stück mussten wir in Innsbruck über Autostraßen, dann ging es an der Uferpromenade entlang durch einen Park, zwischen Olympischem Dorf und Fluss gelegen, bis wir auf einer historischen Holzbrücke den Inn überquerten. Einen Abstecher nach Hall wollte René keinesfalls einlegen, dafür erklärte er sich bereit, in Wattens, etwa zehn Kilometer nach Innsbruck, die Swarovski-Kristallwelten zu besichtigen. Der berühmte Künstler André Heller hat sie erschaffen. Und was soll ich sagen, unser Besichtigungsmuffel hat es nicht bereut! Als meine Menschen nach gut einer Stunde zurückkamen – mich hatten sie unter einem schattigen Baum und neben unseren Rädern an die Leine gelegt – hatten sie beide ganz glitzrige Augen und schwärmten, wie großartig es gewesen ist. Farben und Klänge, Installationen, Skulpturen und

Räume, in denen man sich fühlte, als sei man selbst Teil eines Kaleidoskops.

Wir wollten gerade weiterfahren, da stoppte ein Bus auf dem Parkplatz und es stiegen lauter Leute aus, die auf einen Faschingsball gehen wollten – hatte ich zumindest gedacht. Angeline erklärte mir jedoch später, das seien Inder in ihrer traditionellen Kleidung gewesen. Saris nannte sie die knallbunten und goldbestickten Tücher, in die sich die Frauen gewickelt hatten.

Als die Inder mich entdeckten, brachen sie in Begeisterungsstürme aus. „Look, what a sweet dog!", riefen Kinder und stürzten sich geradezu auf mich. Ihr Papa musste dann Fotos von mir und seinen Kindern machen. Sie streichelten und herzten mich und stießen immer neue Entzückensrufe aus. Obwohl mir Leckerli lieber gewesen wären, ließ ich die Liebesbekundungen geduldig über mich ergehen, denn ich bin ein ausgesprochener Kinderfreund.

Als sie endlich von mir abließen und sich winkend und schweren Herzens von mir trennten, fragte Angeline René: „Hast du eine Ahnung, warum die so begeistert von unserem Hund waren? Ich meine, in Indien gibt es schließlich auch Hunde!"

Na, was war das für eine Frage? In Indien mag es Hunde geben, aber keiner ist so toll wie ich!

Von den Swarovski-Werken führte uns der Radweg ein paar Kilometer durch Felder und Auen, lief dann im weiteren Streckenabschnitt am Inn entlang. Irgendwo stoppten wir und aßen unsere Mittags-Brotzeit. Dabei unterhielten sich meine Menschen über die Fließgeschwindigkeit eines Flusses.

Angeline fragte: „Wenn ich droben in Maloja einen Stock in den Inn werfen würde, wann würde er wohl in Passau ankommen?"

René erzählte etwas von irgendwelchen komplizierten Formeln, nach denen sich das berechnen lässt, man muss dabei aber bedenken, dass ein Fluss in der Mitte schneller fließt als am Rand und so weiter und so fort. Nach einigem Hin und Her einigten sie sich auf eine angenommene Durchschnittsgeschwindigkeit von 11 Kilometern die Stunde. Da die Gesamtlänge des Inns 510 Kilometer beträgt und der Inn nachts nicht schläft, würde also ein Stock von der Quelle zur Mündung knapp zwei Tage brauchen. Da wäre der Stock, vorausgesetzt natürlich er bliebe nirgends hängen, definitiv schneller als wir.

Allerdings ist das eine Milchmädchenrechnung, denn wenn ich dabei bin und die einen Stock ins Wasser werfen, dann kommt der nie an, denn den hole ich sofort heraus. Da sieht man mal wieder, dass Textaufgaben einfach Quatsch sind, weil sie total an der Realität vorbeigehen.

Eine Runde dösen in der Mittagspause

Nachdem sich meine Menschen auf so überflüssige Weise den Kopf zerbrochen hatten, fuhren wir weiter. Wir hätten einen Abstecher nach Jenbach und zum Achensee machen können, doch meine Menschen hatten andere Pläne. In Kramsach (auf der gegenüberliegenden Innseite gelegen!), gibt es einen Museumsfriedhof, den wollten sie besichtigen und danach ein Zimmer für uns suchen. Friedhof fand ich auch toll, ich war noch nie auf einem gewesen, und man hört so schön schaurig-gruselige Geschichten darüber. Ich sage nur Edgar Allen Poe und Stephen King. Außerdem sollen auf Friedhöfen unglaublich viele Knochen vergraben sein. Aber die Enttäuschung folgte auf die Pfote, denn natürlich prangte am Eingang mal wieder so ein blödes Schild mit durchgestrichenem Hund. Also wurde ich bei den Rädern angeleint und musste ‚draußen bleiben‘.

Als meine Menschen zurückkamen, lag ein ziemlich breites Grinsen auf ihren Gesichtern und sie unterhielten sich darüber, welche Grabinschriften ihnen am besten gefallen hatten. René lachte sich halb tot über: „Hier ruht in Gott Adam Lentsch – 26 Jahre lebte er als Mensch, 37 Jahre als Ehemann."

Angeline hingegen fand das gar nicht witzig. Sie sah René giftig an und konterte mit: „Hier ruhen ihrer drei – a Ochs, a Esel, und er war auch dabei." Dazu sah sie René irgendwie bedeutungsvoll an.

René ignorierte den bedeutungsvollen Blick und gab zum Besten: „Hier schweigt Johanna Vogelsang, sie zwitscherte ihr Leben lang!"

Darauf Angeline: „Hier ruht Martin Krug, der Kinder, Weib und Orgel schlug."

Ich hörte mir das an und wunderte mich sehr. Ich hatte gedacht, Friedhöfe seien eine ernste Angelegenheit?

Im Allgemeinen schon, ließ ich mir erklären, aber in diesem besonderen Fall nicht. Es gäbe keine Toten auf dem ‚Museumsfriedhof', nur schmiedeeiserne Kreuze mit lustig derben Sprüchen, die einst tatsächlich auf Österreichischen oder Bayrischen Friedhöfen gestanden hatten.

Das Zimmer, das wir in Kramsach mieteten, war das erste ohne Fernseher, dafür hatten die echte Schafe vorm Haus. Das fand ich sowieso interessanter. Wer braucht schon einen Tierfilm in der Glotze, wenn's draußen eine tolle Liveshow gibt?

Um möglichst oft zu den Schafen zu kommen, habe ich eine Blasenentzündung vorgetäuscht. Geht ganz leicht, ich stelle mich an die Zimmertür und jammere ein bisschen. Dann sagt René: „Ich glaub, der muss mal!", nimmt die Leine und führt mich aus. Wieder zurück, lege ich mich brav in mein Bett, warte eine Viertelstunde, dann stell ich mich wieder an die Tür.

Draußen lief ich natürlich schnurstracks zu den Schafen und hab sie durch den Zaun hindurch angestarrt. Nach einer Weile kamen sie sogar her zu mir und haben mich beschnuppert. Leider war der Zaun dazwischen.

Nach dem drittenmal rausgehen hat das mit der simulierten Blasenentzündung allerdings nicht mehr funktioniert, René kam mir auf die Schliche. Außerdem hatten meine Menschen Hunger, und wir spazierten in den Ort.

Dort lernten wir in einem Gasthofgarten einen Mann kennen, der uns etwas über Prügeldutsch'n erzählte. Das sind Kuchen, die werden auf einem Prügel hergestellt. Der Prügel wird gedreht, dabei wird Teig drauf getropft, und das gibt dann eine Art ‚gezupften Baumkuchen'. Prügeldutsch'n sind in dieser Gegend eine Spezialität, man kann sie überall im Ort als Mitbringsel kaufen. Haben meine Menschen aber drauf verzichtet, denn die Prügeldutsch'n wären bestimmt als Bröseldutsch'n zu Hause angekommen.

Der Mann war jedoch viel interessanter als der Kuchen. Er scheint mal Lehrer gewesen zu sein, ist dann aber vermutlich mit seiner Pensionierung nicht klargekommen, denn er hatte mindestens so viel gezwitschert wie oben erwähntes Fräulein Vogelsang - also die vom Museumsfriedhof. Er hat ziemlich gewankt, etwas von Bergbau und einer ehemaligen Munitionsfabrik in den umliegenden Stollen erzählt und ist daraufhin platt umgefallen. Da keiner geschossen hatte, lag es vermutlich am Alkohol.

Der Mann wurde fortgeführt, René hat bezahlt, und wir sind zu den Schafen zurückspaziert. Wieder im Zimmer bin ich todmüde in mein Bett gefallen und brauchte, um einzuschlafen auch gar keine Schäfchen mehr zu zählen.

Zusammenfassung der 6. Etappe:

56 Kilometer, von Innsbruck bis Kramsach.
Übernachtung im Gästehaus Heigenhauser, einfache gutgepflegte Zimmer, Hund wurde nicht extra berechnet. Räder konnten unter Dach gestellt, aber nicht eingeschlossen werden.
Sehenswertes auf der Strecke: Haller Altstadt mit Burg Hasegg und Münzerturm, Servitenkloster mit Karlskirche, Swarovski-Kristallwelten in Waffens,

Schloss Tratzberg, Bergbaumuseum in Brixlegg, Museumsfriedhof in Kramsach.

Wer in Waffens zu den Swarovski-Kristallwelten will, folgt dem Radweg am besten durch den ganzen Ort und biegt direkt nach den letzten Häusern rechts ab. Der Museumsfriedhof liegt Brixlegg gegenüber auf der anderen Innseite. Bei Brixlegg über die Inn-Brücke fahren, die Autobahn überqueren, unter der Bahnunterführung hindurch, danach gleich rechts abbiegen. Nach etwa 300 Meter sieht man schon die Zufahrt zum Museumsfriedhof.

Eins der Grabkreuze im Museumsfriedhof

Rattenberg, Nußdorf – und ein lustiges Missverständnis

Gebannt erwarteten meine Menschen ihr Frühstück. Ob es diesmal ein Ei geben würde? Nein, wieder nicht! Von Frühstückseiern schienen weder die Schweizer noch die Österreicher etwas zu halten. Dafür war die Wirtin recht freundlich und redselig. Woher, wohin, warum ... die üblichen Fragen halt.

Als wir uns verabschiedeten - ich hatte es dabei besonders eilig, wollte schnell noch bei den Schafen vorbeischauen – riet sie meinen Menschen, unbedingt nach Rattenberg zu fahren, das sei ein wirklich hübsches Städtchen und absolut sehenswert. Jetzt wurde ich hellhörig. Rattenberg, das klang interessant!

Da der Ort direkt gegenüber von Kramsach liegt und wir, um auf den Radweg zu kommen, ohnehin wieder auf die andere Innseite mussten, beschlossen meine Menschen, den kleinen Abstecher zu machen. Klar, bei so einem Namen hatte ich mit einem Berg voller Ratten gerechnet und gehofft, dass ich nun endlich meiner Bestimmung gerecht werden und nach

Herzenslust jagen könnte, aber keine einzige Ratte war zu sehen, alles piekfein und wie geleckt. Buntbemalte Häuser mit kleinen Erkern, Kopfsteinpflaster, schmiedeeiserne Namenschilder und süße kleine Läden, in denen man viel, sehr viel Geld für Souvenirs ausgeben konnte.

René zwinkerte mir zu, als Angeline vor einem Geschäft stand, in dem es Dinge aus Glas zu kaufen gab und sie mit langen Stielaugen und einem Seufzen auf den Lippen sagte: „Schade, für sowas haben wir keinen Platz in unseren Gepäcktaschen." Man muss nämlich wissen, Angeline besitzt einen ganzen Schrank voller Gläser, und man sollte meinen, davon hätte sie nun endlich genug. Aber mit schönen Gläsern scheint es ihr zu gehen, wie mir mit Knochen – genug ist nie genug.

Kurz hinter Rattenberg musste ich in den Anhänger. Nach einer Woche laufen war ich so ausgepowert, dass meine Durchschnittsgeschwindigkeit nur noch lasche acht Stundenkilometer betrug.

„Jetzt leg dich mal hin und gib Ruhe!", schimpfte mich René und zog den Reißverschluss am Aussichtsfenster zu.

Okay, wenn's dann sein muss … Aber ungern, das möchte ich hier noch einmal betonen!

In Angath haben wir eine Pause eingelegt. Dort hatten wir ein witziges Erlebnis. Ich muss voraus-schicken, dass meine Menschen zwar eine Radlerhose tragen (die mit dem Polster am Popo), aber immer etwas darüber anziehen. Und das vor allem, sobald sie in einen Laden oder zum Essen in ein Gasthaus gehen.

So kamen wir also aus dem Gastgarten - ich mit meinem Brustgeschirr um, Angeline im Rock, René in Hosen, die Sturzhelme unterm Arm (also nur meine Menschen, ich nicht) - und wollten uns wieder auf den Weg machen. Da stoppte ein älterer Herr mit seinem Bergradl direkt neben uns. René fand das Rad interessant und sprach den Mann darauf an, Angeline und ich standen daneben und lauschten. Ein Wort gab das andere, schließlich deutete René auf unsere Räder, die neben einem großen schwarzen Auto der Luxusklasse geparkt waren und erzählte, dass wir vom Malojapass kommen und weiter nach Passau fahren.

„Von dort", meinte der ältere Herr, „komme ich auch."

René erklärte: „Wir haben aber noch einen Anhänger dabei, da ist das mit den Steigungen schon manchmal schwierig."

Darauf der ältere Herr: „Obwohl, einen Anhänger müsste der doch leicht packen."

„Na klar", so René, „geht schon. Aber mit Bergradl ging's bestimmt noch leichter."

Der ältere Herr sah ihn an, als hätte er eben mal vorgeschlagen, auf dem Mond Gänseblümchen zu pflücken. Wir verabschiedeten uns, er wünschte uns eine gute Fahrt und sah uns nach, wie wir zu unseren Rädern gingen. Als René mich dort auf den Sozius setzte und Angeline ihr Rad aufschloss, fing der Mann lauthals zu lachen an. Wir dachten schon, der lacht über mich, weil ich auf dem Sozius so lustig aussehe. Da erklärte er uns zwischen zwei Lachanfällen, er hätte gedacht, wir seien mit der schwarzen Luxuskarosse hier.

Unseren nächsten Stopp legten wir in Kufstein ein. Das ist die reinste Touristenoase. Die Menschenmassen wälzten sich durch die engen Gässchen, um die bemalten Häuser zu betrachten und gnadenlos kitschige Souvenirs zu kaufen. Wir mit den Rädern mittendrin! Eigentlich nicht zu empfehlen, da lässt man die Räder dann doch besser irgendwo außerhalb stehen.

Wir waren so durstig, dass wir glücklich waren, trotz des Massenansturms einen Tisch ergattert zu haben. Meine Menschen bestellten zwei Radler und eine Schale Wasser und berieten sich mit den Köpfen über der Tourenkarte, ob sie im weiteren Verlauf den Weg am Westufer oder am Ostufer nehmen sollten und entschieden sich nach einigem Hin und Her fürs Ostufer.

Bevor wir wieder aufbrachen, kauften sie Brotzeit, ein paar Kilometer weiter, am Wasser, hielten wir bei einer Bank, um Rast zu machen. Dauerte nicht lange, kam eine Schwanenfamilie mit süßen kleinen Babyschwänen angeschwommen. Während ich sonst meinen Menschen jeden Bissen aus dem Maul ... äh, aus dem Mund gucke, lag ich jetzt am Ufer, beobachtete die süßen Babyschwäne und zitterte am ganzen Leib. Mach ich immer, wenn ich mich aufrege. Meine Menschen behaupten dann, ich stünde unter Strom. Das ist natürlich Quatsch. Ich zittere, weil mein Motor auf 180 läuft, ich aber gleichzeitig voll auf die Bremse treten muss. Stellen Sie doch einmal vor, sie hätten einen Bärenhunger, und da schwimmt ein saftiger Schweinebraten mit Knödeln vor ihrer Nase herum. Zwar nah genug, um Appetit zu bekommen, aber doch so weit entfernt, dass sie nicht drankommen können. Ich sag Ihnen, da würden Sie auch am ganzen Körper zittern!

Am Spätnachmittag erreichten wir Nußdorf, dort suchten wir uns ein Zimmer. Das Gasthaus hieß Ringstüberl und hatte einen hübschen Gastgarten. Die Wirtin war allerdings alles auf einmal - Bedienung, Köchin, Zimmermädchen, Telefonistin und Barfrau – und mit so vielen Jobs eindeutig überfordert. Bis sie nach einer halben Stunde endlich mit zwei kühlen Weizenbieren an unseren Tisch trat, hatten Angeline und René bereits die ganze Tagesroute Revue passieren lassen.

Ich gebe ihr Resümee hier wieder: Die Berge lagen auf dieser Wegstrecke bereits als Panorama hinter uns, der Inn war schon recht breit und erschien einem nicht mehr als ‚wilder Gebirgsfluss'. Immer wieder veränderte er sein Gesicht, floss durch Auen und Wälder, drehte Schleifen, versiegte einmal beinahe zwischen weitflächigen Sandbänken, dann wieder floss er in einem künstlichen Bett kilometerweit immer nur geradeaus.

Im Großen und Ganzen waren die Wege auf dieser Strecke geteert oder gut ausgebaut, doch sieben Kilometer vor Nußdorf war der Damm plötzlich grob geschottert und deshalb, zumal mit Hänger, nur äußerst schwer befahrbar.

Dafür gefiel meinen Menschen und mir das Dorf selbst umso besser. Malerische alte Bauernhöfe, schöne Gärten, lauschige Plätzchen überall und genug Bäume, um mal eben das Bein zu heben.

Zusammenfassung der 7. Etappe:

58 Kilometer, von Kramsach bis Nußdorf.
Übernachtung im Ringstüberl. Das Zimmer war groß und sehr ordentlich, der Hund wurde nicht berechnet. Leider keine Unterstellmöglichkeit für Fahrräder. Der Weg meist gut befahrbar, nicht aber die Dammstrecke ab etwa 7 km vor Nußdorf. Hier versucht man am besten, auf den Feldweg unterhalb des Dammweges zu kommen, um dort weiterzufahren.
Wer den Tag mit einem erfrischenden Bad beenden will: Nur etwa eineinhalb Kilometer weiter, zwischen Nußdorf und Neubeuern, gibt es einen kleinen Badesee.

Sehenswertes unterwegs - Museum Tiroler Bauernhöfe zwischen Kramsach und Breitenbach. Auf der
rechten Innseite: Rattenberg, die Kundler Klamm,
Kufstein mit Festung zu der auch ein Lift führt, der
Wildpark von Wildbichl, Nußdorf.

Am achten Tag ein Frühstücksei

Keine Ahnung, warum meine Menschen heute schon so zeitig auf den Beinen waren. Ich fühlte mich absolut nicht ausgeschlafen, drehte mich noch einmal um und versuchte den Krach zu überhören, den die beiden machten. Duschen, packen, schließlich der gefürchtete Weckruf: „Jack, steh auf, genug geratzt!"

Als ich mit René vom Morgenspaziergang zurückkam, saß Angeline bereits im Gasthofgarten, und die Wirtin schleppte das Frühstück ran. Und was befand sich auf dem Tablett? Butter, Brot, Marmelade, Käse und ein Frühstücksei - das erste seit neun Tagen! Allerdings nur eins für uns alle ...?!

Angeline fiel die Kinnlade runter. Sie sah die Wirtin an und fragte, ob das zweite Ei noch nachkommt.

„Nein", war die Antwort, „die Eier sind mir ausgegangen."

Meine Menschen tauschten Blicke und schwiegen. Lachen oder weinen? Sie lachten, gaben mir das Hütchen, den Rest teilten sie sich.

Schließlich packten wir unsere sieben Sachen und fuhren zur Post, um etwas überflüssiges Gepäck nach Hause zu schicken. Zu Hause war übrigens nur 33 Kilometer entfernt, wir befanden uns also in heimatlichen Gefilden. Trotzdem waren wir bis dato noch nie in Nußdorf oder im Nachbarstädtchen Neubeuern gewesen.

Auch letzteres wollten meine Menschen nun nachholen und machten deshalb den kleinen Abstecher. Wir radelten einen knappen Kilometer über eine Landstraße, sahen schon von weitem auf einem Hügel das Schloss und das Städtchen. Dann noch den Berg hinauf, und wir waren da.

Bayrischer Barock in seiner schönsten Blüte, Lüftlmalerei an beinahe jedem Haus. Während Angeline fotografierte und schnell mal in die Kirche schaute, besorgten René und ich Semmeln und ein Leckerli für mich, dann ging's weiter. Bergab durch Altenmarkt, bis wir bei der Brücke wieder auf den Radweg stießen.

Wir blieben weiterhin auf der rechten Seite des Inns. Von hier bis Rosenheim war die Strecke landschaftlich eher langweilig, fanden meine Menschen, der Fluss ‚domestiziert', wie sich Angeline ausdrückte.

Vor Rosenheim führte unser Weg uns immer wieder an Autostraßen entlang, was nicht angenehm war. Später sagten meine Menschen, sie hätten besser bei Altenmarkt die Uferseite gewechselt, denn auf dem Westweg, also linksseitig, fällt man von ganz allein in die Stadt.

Direkt am Ufer, gleich bei der Brücke, kann man das sogenannte ‚Innmuseum' besichtigen. Machten wir auch. Dort gab es eine ‚Zementplätte' zu sehen - so nennt man Lastenkähne, wie sie anno dazumal auf dem Inn und der Donau oft bis Wien oder Budapest

fuhren. Auch Skulpturen und Bepflanzungen waren zu bestaunen, und Angeline hat sich ganz besonders über die Installation der Künstlerin Ursula Beiler gefreut, die aus angeschwemmten Hölzern den Namen Innanna ans Ufer schrieb. Doch es war nur ein Kunstwerk auf Zeit, und der Namenszug ist inzwischen bereits verrottet

Als Angeline so begeistert rief: „Ach schau doch nur, hier steht ja Innanna!", erinnerte ich mich daran, was ich vor acht Tagen in La Punt vor dem Einschlafen mit einem Ohr gerade noch so mitbekommen hatte. Dass es eine dritte Auslegung zur Namensbedeutung des Inns gibt. Von einer Schlangen-Flussgöttin war die Rede, die sich durch ihren ‚grünen Garten' schlängelt. Damit war wohl diese Innanna gemeint. Inn, man erinnere sich, bedeutet ‚die schäumende', und Anna ‚die Mutter', womit in solchem Zusammenhang die vorchristliche Mutter-Göttin gemeint ist.

Also Angeline, die sich über viele Jahre mit Mythologie beschäftigt hat, war total begeistert. Ich hingegen blieb gelassen. Ein fleischiger Knochen, eine zusätzliche Dosenration hätte mich vielleicht kurzfristig aus dem Häuschen bringen können, aber ein paar alte Stöcke, die keiner in den Fluss warf, sondern nur so am Ufer rumstanden, ließen mich kalt. Außerdem war ich damit beschäftigt, Rosenheim als mein Revier zu markieren und die ‚Rosenheimer

Hundenachrichten' zu studieren, was meine ganze Konzentration erforderte.

Anmerkung des Autors: Da wir in der Nähe von Rosenheim wohnen und hin und wieder mal mit dem Auto an der Stelle vorbeifahren, wissen wir, dass sich die ‚Stöcke' inzwischen minimiert haben, und der Name nicht mehr vollständig zu lesen ist. Ich vermute mal, da kamen im Laufe der Zeit zu viel Hunde vorbei, die sich die Stöckchen schnappten ...

René hatte mich schon wieder auf den Sozius verfrachtet, da kam ein Mann des Weges, stoppte und schälte sich aus seiner Windjacke. Das Rad war ausgestattet wie zu einer Weltreise, rechts und links des Vorderrades je eine Tasche, auch am Hinterrad zwei Taschen, am Lenker eine, und auf dem Gepäckträger eine riesige Rolle, in der sich ein Zelt und ein Schlafsack befanden, wie wir bald erfahren sollten - denn René plagte wieder mal die Neugierde, und er fing ein Gespräch mit dem Mann an.

Er kam aus Reit im Winkel (das ist quasi bei uns zu Hause um die Ecke) und war unterwegs nach Paris. Das sei nicht seine erste Frankreichtour erzählte er, überhaupt sei er mit dem Rad schon sehr weit herumgekommen. Hm, ... da konnten wir mit unserer

Tour von Maloja nach Passau natürlich keine Furore machen.

„Wie lange sind Sie bis Paris und zurück vermutlich unterwegs?", wollte René wissen.

„Acht, vielleicht neun Wochen", kam die Antwort.

Acht oder neun Wochen! Himmel, mir wurde ganz schwummrig. Hoffentlich kamen meine Menschen jetzt nicht auf die Idee, auch mal eben nach Paris zu radeln!

Um schon mal Kraft zu tanken, ließ ich mich auf dem Sozius nieder, legte meinen Kopf auf den Sattel und schloss die Augen. Im Halbschlaf hörte ich die drei über den Jakobsweg und die missmutigen Pilger reden und darüber, dass der Mann lieber allein auf Radreisen ging, weil in einer Gruppe der eine immer etwas Anderes will als der andere. Ich dachte noch: Das kenn ich von uns auch, von wegen Jäger und Sammler und so, und schlief schließlich ein.

Wach wurde ich, als René mir auf den Hintern klopfte. „Aufwachen, Jack, es geht weiter!"

Ich gähnte und sah mich um. Der Typ mit dem Weltreiserad war verschwunden, Angeline setzte gerade ihren Helm auf.

Diesmal fuhren wir auf der linken Innseite weiter. Es ging ein kleines Stück durch die Stadt, dann stießen wir wieder auf den Damm. Kurz nach Rosenheim hat der Inn einige Nebenarme, der Weg führt durch einen Auwald, dann zurück zum Fluss.

Ich durfte laufen und irgendwann auch mal ein erfrischendes Bad nehmen, danach ging es mir gleich besser. Wir machten ein Picknick, und ließen uns die Sonne auf den Bauch scheinen. Bei dieser Gelegenheit entdeckte René, dass ich eine Zecke hatte. Dummerweise lag die Zeckenkarte zu Hause. Das ist so ein Ding, damit kann man schnell und problemlos Zecken entfernen. Und ein Antizeckenmittel hatten wir auch nicht dabei.

„Müssen wir eben im nächsten größeren Ort einen Tierarzt suchen", sagte Angeline.

Tierarzt fand ich gut, da bekomme ich immer ein Leckerli.

Wir brachen auf. Ein paar Kilometer weiter stieß Angeline plötzlich einen Schrei aus, dann folgten Flüche. Eine Wespe war ihr in den Ausschnitt geflogen und hatte sie gestochen. War wohl der Tag der gemeinen Insektenangriffe.

Es sollte nicht das letzte Ärgernis für heute bleiben. Bei Griesstätt fuhren meine Menschen falsch. Irgendwie gerieten sie auf einen Rundweg und folgten immer brav den Schildern, fuhren über Moosham, Elend (Nomen est omen!) und Thalham und drehten so ausgerechnet in einer Gegend die total hügelig und anstrengend zu fahren ist, eine nette kleine Ehrenrunde, was sie bemerkten, als sie an einer bekannten Stelle vorbeikamen.

Nach Kerschdorf sind wir endlich wieder auf dem Radweg gelandet. Jetzt noch nach Wasserburg rein, darauf hatten meine Menschen nach der Plackerei keine Lust mehr, deshalb mieteten sie in Eiselfing ein Zimmer. Auf der Karte haben sie dann festgestellt, dass wir schon einmal ganz in der Nähe von Eiselfing gewesen waren, bevor wir auf den ‚Rundweg‘ abgebogen sind.

Unfreiwilliger Abstecher nach Elend

Zusammenfassung der 8. Etappe:

Von Nußdorf bis Eiselfing bei Wasserburg mit Umwegen 64 km.

Übernachtung Gasthaus Sanftl. Zimmer günstig und ordentlich. Eigentlich keine Haustiere erlaubt, für uns wurde eine Ausnahme gemacht. Räder konnten untergestellt werden.

Die Wege waren gut zu befahren. Vor Rosenheim wechselt man besser gleich auf der ersten Brücke die Uferseite und fährt am Westufer in die Stadt.

In der Gegend um Wasserburg viele Steigungen. Achtung: Es sind mehrere Radrundwege angezeichnet, deshalb gut auf die Beschilderung achten!
Sehenswertes unterwegs: Neubeuern, in Rosenheim das Innmuseum, Wasserburg.
Ausflug zum Chiemsee möglich. Für die Strecke zum Chiemsee (20 km), die Umrundung (60 km) und die Strecke zurück (wieder 20 km) muss man eineinhalb bis zwei Tage extra einplanen.

Altötting, die schwarze Madonna und ein Pfarrer in Lederkluft

Tags zuvor hatten meine Menschen schon geglaubt, eine schwierige Tour hinter sich gebracht zu haben, aber da wussten sie noch nicht, was sie hinter Wasserburg erwartet. Das waren erst mal Steigungen! Schlimmer als in den Alpen, wo es hin und wieder zwar steil raufging, aber tendenziell doch eher abwärts. Bei Wasserburg fühlt man sich hingegen, wie auf einer Achterbahn. Bist du droben, musst du wieder runter und drüben gleich wieder rauf. Vielleicht ist es ja ohne Anhänger und mit Bergradl einfacher, aber das Ding hintendran ... Sie erinnern sich an meine physikalischen Ausführungen zum Thema Gravitation?

Einmal war René so sauer, dass er, als er oben auf der Kuppe angekommen war und auf der anderen Seite des unter ihm liegenden Tales schon wieder einen Hügel sah, die Faust hob und ihm fluchend drohte. „Blöder Hügel, kannst du nicht woanders stehen!"

Angeline brach postwendend in lautschallendes Gelächter aus.

Dem Geplänkel der beiden konnte ich entnehmen, dass es da mal eine ähnliche Geschichte in London gegeben hatte. Das muss sich etwa so abgespielt haben:

Meine Menschen schliefen friedlich in einem Hotel. Ich nicht. Mich gab's damals noch nicht. Plötzlich war ein ohrenbetäubendes Gebimmel zu hören, so laut, dass sie in der nächsten Sekunde aufrecht neben dem Bett standen. Das Gebimmel kam von einer Glocke über der Tür, die war etwa so groß wie ein Zweieinhalblitereimer. René rannte hin und hämmerte mit beiden Fäusten auf die Glocke ein.

„Sei verdammt noch mal still, du blöde Glocke!“, schrie er sie an.

Dann hörten sie draußen auf dem Flur Leute laufen und als sie die Tür öffneten, hieß es: „Feueralarm! Raus hier!“

Innerhalb weniger Minuten standen etwa 250 Menschen (kein Hund – es war eins von diesen blöden Hotels, wo es hieß ‚Wir müssen draußen bleiben‘) auf der Straße. Alle in Nachthemden oder Schlafanzügen, starrten sie an der Fassade entlang zum Dach hinauf. Keine einzige Flamme war irgendwo zu sehen.

Fehlallarm. Irgend so ein Blödmann hatte vermutlich genau unterm Rauchmelder seine typisch englische Pfeife angezündet.

Zurück nach Wasserburg. Nach zweiundzwanzig Kilometern – für meine Menschen gefühlte vierzig Kilometer – machten wir eine Pause in einem Gastgarten. Danach ging es leichter. Die Achterbahn lag hinter uns, der Radweg verlief wieder auf gemütlichen Feldwegen, durch Wälder oder am Inn entlang.

Bei Jettenbach überquerten wir den Fluss auf einem Weg, der über eine Anlage der vielen Inn-Kraftwerke führte, danach ging es neben dem Innwerkkanal weiter, und schließlich kamen wir nach Mühldorf, wo wir uns ein Eis gönnten und unseren Nachbarn wiedertrafen, den Rockmusiker Stefan Dettl. Allerdings nur auf dem Plakat, von dem er uns fragenden Blickes ansah: „He, was tut ihr denn hier, und noch dazu mit dem Rad?" – „Und du? Bläst du mal wieder die Trompete?"

Lang hielten wir uns bei diesem stummen Zwiegespräch aber nicht auf, denn wir hatten noch ein weites Stück vor uns. Angeline wollte unbedingt in Altötting übernachten, um sich die sagenumwobene schwarze Madonna anzusehen.

In Altötting kamen wir zufällig am Gasthof ‚Zur alten Post' vorbei. Meine Menschen stoppten, Angeline ging rein und fragte nach einem Zimmer. Zwei Minuten später war sie wieder da. „Ein Zimmer können wir haben und Jack ist auch okay", sagte sie, „allerdings sind Toilette und Dusche auf dem Flur."

Mir ist das sowieso egal, aber meine Menschen stellen sich da immer ein bisschen an. Sie waren jedoch so fertig, dass sie beschlossen, das Zimmer zu nehmen. „Hauptsache ein Dach über dem Kopf!", sagte René.

Das Zimmer erwies sich als richtiges Wallfahrtszimmer. Drei Betten, ein Tisch, zwei Stühle, ein Waschbecken (immerhin mit Spiegel, dazu später mehr) und fertig. Egal, im Zimmer würden wir eh nicht bleiben, dazu war der Gasthofgarten viel zu gemütlich. Also auspacken, runter, für meine Menschen das obligatorische ‚Leichte Weizen', und für mich endlich die langersehnte Dose.

Solchermaßen gestärkt, machten wir uns eine Stunde später auf, Altötting zu erkunden. Es war zwar schon ziemlich spät, aber die Kirchen noch geöffnet. Während René und ich es uns auf dem Kapellplatz gemütlich machten, tigerte Angeline durch alle Kirchen.

Später, beim Essen, hat sie uns dann erzählt, was sie gesehen hat. Den ‚Tod von Altötting' zum Beispiel. Das ist, sagte sie, eine Figur. Diese steht auf einer Uhr und bewegt eine Sense im Sekundentakt, und bei jedem Streich, heißt es, stirbt irgendwo ein Mensch. Hm, dachte ich bei mir, zum Glück gibt es so eine Figur nicht auch für Hunde!

Die schwarze Madonna, erzählte sie weiter, sei viel kleiner, als sie sich das vorgestellt hatte, und die vielen hundert Votivtafeln, von denen sie bestimmt die Hälfte gelesen hatte, hätte sie ‚rührend' gefunden.

Und dann hat sie auch noch einen Pfarrer in Lederklamotten kennengelernt, der mit seinem Motorrad aus München angereist war. Dem hatte sie als Nichtkatholikin offensichtlich eine ziemlich dumme Frage über Altötting gestellt, worauf er sie sofort vehement und sehr streng eingewiesen hat. Also wo was ist und warum. Und zum Heiligen Bruder Konrad hat er sie auch geführt.

Über diesen Heiligen erzählte sie uns dann, was jener Pfarrer ihr erzählt hatte: „Das war ein sehr bescheidener Kapuzinermönch, der sein Leben an der Klosterpforte verbrachte, den Leuten half und auch noch sein eigenes bisschen Brot mit den Armen teilte. Ein

Mann tiefster Frömmigkeit also, dem kein irdischer Besitz wichtig war. – Und dieser Heilige Bruder Konrad liegt jetzt vergoldet (natürlich nicht wirklich er, nur eine lebensgroße Holzfigur, die ihn darstellt) in einem Schrein vor dem Altar der Klosterkapelle!" Sie fand das seltsam. Sie sagte, wenn dieser bescheidene Bruder Konrad das wüsste, würde er sich vermutlich im Grab umdrehen. Das versuchte ich mir vorzustellen. Hat aber nicht geklappt. So viel weiß ich immerhin: Wer tot ist, kann sich nicht mehr bewegen.

Wieder im Hotel, nahmen meine Menschen noch einen 'Absacker', aber davon habe ich nicht mehr viel mitbekommen. Ich habe es mir unterm Tisch gemütlich gemacht und tief und fest geschlafen.

Zusammenfassung der 9. Etappe:

Von Eiselfing bis Altötting 64 Kilometer.
Übernachtet im ‚Gasthof zur alten Post'. Sehr einfache Pilgerzimmer, Dusche und Toilette auf dem Flur. Hund wurde nicht extra berechnet, Räder konnten untergestellt werden.
Sehenswertes unterwegs: Kraiburg und Mühldorf, typische Innstadtbauweise – weite Marktplätze mit monumentalen, bunten Bürgerhäusern. Wallfahrtsort Altötting.

Tipp: Knapp zwei Kilometer nach Schambach kann man vom Radweg auf die wenig befahrene Autostraße wechseln. So erspart man sich drei Kilometer Schotterweg. In Haiden wieder auf den Radweg.

Will man nach Altötting, muss man die Hauptroute bei der Brücke verlassen und auf einem Radweg direkt neben der vielbefahrenen Bundesstraße 299 fahren. Es geht sanft aber stetig bergauf. Nach gut einem Kilometer mündet der Radweg auf eine kleine Nebenstraße und führt dann durch eine Siedlung in den Ort.

Mühldorf – typische Innstadtbauweise

Verlorene Blumen, vergessener Rucksack und ein unfreiwilliger Rekord

Immerhin haben meine Menschen am nächsten Morgen zwei Eier bekommen, also jeder eins. Auch sonst scheint das Frühstück ganz in Ordnung gewesen zu sein, denn als sie mich aus dem Zimmer abholten, rochen sie herrlich nach frischen Semmeln, Marmelade, Wurst und Käse.

Von Altötting sind wir hinter Neuötting, nach der Brücke, wieder auf den Radweg gestoßen und links des Inns weitergefahren. Dort haben wir eine Menge umgestürzter Bäume gesehen, die waren alle kurz über dem Boden so seltsam abgenagt.

„Von Bibern gefällt", haben meine Menschen erklärt.

Keine Ahnung, warum Biber das tun, da wüsste ich mir schon einen besseren Zeitvertreib. Knochen abnagen zum Beispiel. Aber Bäume? Nö, also echt nicht!

Nach sechzehn Kilometern kamen wir nach Marktl. Das ist ein kleiner Ort, aber ein großer Mann wurde dort geboren, nämlich Papst Benedikt XVI. Weil ich nicht in Kirchen darf und mich deshalb mit diesem Thema nie beschäftigt hatte, wusste ich bis dahin nicht, was ein Papst ist und wie so ein Papst aussieht. Doch in Marktl muss man nicht in die Kirche, um einen Papst zu sehen, dort gibt es in jedem Schaufenster ganz viele Päpste. Zum Beispiel auf Kuchen, Tassen oder Bierflaschen, T-Shirts oder bunten Ansichtskarten. Also habe ich in Marktl meinen ersten Papst zu sehen bekommen, und so viel weiß ich jetzt immerhin: Päpste sehen im Prinzip aus wie ganz normale Menschenmänner, aber sie tragen seltsame Mützen.

Man kann in Marktl das päpstliche Geburtshaus beschnüffeln, und theoretisch könnte hund es sogar markieren, aber ich durfte nicht, Angeline hat mich sofort weggezogen.

„Nicht gegen heilige Mauern!", hat sie mich angeschnauzt.

Nach einem kurzen Rundgang haben meine Menschen bei einem Bäcker Cappuccino und Croissants bestellt, und wir haben uns an einen Tisch vor der Bäckerei gesetzt. Dort gab es viel zu sehen. Ein ziemlich heruntergekommenes leerstehendes Gasthaus zum Beispiel, von dem Angeline behauptete, es sei schade, das so verfallen zu lassen. Auch einige Hunde mit ihren Menschen kamen vorbei. Einer davon war ein Dackel, der einen Bauch hatte, der so dick war, dass er damit im Gehen den Boden fegen konnte. Angeline fand das traurig, ich war ehrlich gesagt ein wenig neidisch. Nicht auf den Bauch, aber auf all die vielen Leckerli, die der Dackel vermutlich bekommen hatte, bis der Bauch so dick war.

Ja, und dann fuhr da noch ein Mann in einem Auto vorbei, auf dessen Dach ein Blumenstrauß lag, doch als es um die Kurve bog, fiel der Blumenstrauß runter. Eine Passantin hat ihn dann aufgehoben und mitgenommen.

„Man muss auch mal Glück haben und einen Blumenstrauß finden", meinte Angeline, worauf René trocken antwortete: „Irgendeine andere Frau hat allerdings Pech, die kriegt jetzt keinen."

Wir sind weitergefahren. Ich wie immer auf dem Sozius hinter René, Angeline auf ihrem Rad hinten uns. Bis René plötzlich so hart in den Bremsen trat, dass Angeline beinahe aufgefahren wäre. „Bist du wahnsinnig!", rief sie.

Darauf er: „Zum Kuckuck, ich habe meinen Rucksack beim Bäcker auf dem Stuhl liegen lassen!"

Wir also umgekehrt, und in Windeseile zurück. Immerhin war unser ganzes Geld im Rucksack, die Kreditkarte, Ausweise und noch so einiges mehr, und der Stuhl stand auf dem Gehsteig. Doch die Aufregung war umsonst, eine ehrliche Finderin hatte den Rucksack in der Bäckerei abgegeben.

Ich muss jetzt noch mal auf den Kuckuck zu sprechen kommen. Warum ruft man eigentlich ‚zum Kuckuck', wenn man sich über etwas ärgert? Ich kann es Ihnen sagen. Das hat damit zu tun, dass Menschen abergläubisch sind. Kuckuck ist ein Synonym für den Teufel. Weil es aber Unglück bringt, den Teufel anzurufen, ruft man eben ‚zum Kuckuck' oder, das kannst du dem Kuckuck weismachen'.

Was ich aber eigentlich erzählen wollte: Von Maloja bis Marktl hat uns der Kuckuck begleitet. Na ja, vielleicht war's nicht immer derselbe, aber seine Rufe waren uns ständig im Ohr. Kuckuck – kuckuck! Egal, wo wir hinkamen, immer wieder kuckuck! Meine Menschen fanden das ‚nett'. Ich nicht. Als ob er sich über uns lustig machen wollte! Und überhaupt kann ich Vögel nicht ausstehen, das habe ich ja bereits erwähnt.

Gegen Mittag kamen wir in Braunau an. Braunau liegt auf der rechten Innseite, also in Österreich, und ist auch so eine typische Innstadt wie Kraiburg oder Mühldorf. Einer der 'bekannten Söhne' der Stadt hat den Ort nicht gerade mit Ruhm bekleckert. Er wurde dort im Frühjahr 1889 geboren, trug einen kleinen Schnauzbart und brachte jüdischen Menschen viel Unglück.

Während meine Menschen den schärfsten Döner und den schlechtesten Kaffee der Welt zu sich nahmen, ich aber mal wieder nichts zu Futtern bekam, schloss ich die Augen und schlief ein Ründchen. Erst als sie bezahlten, wachte ich wieder auf. Wir kauften neue Dosen für mich sowie eine Packung Tempos, schwangen uns aufs Rad und fuhren weiter.

Auf dieser Nachmittagstour ereigneten sich zwei Dinge, die mir leider nicht gerade zur Ehre gereichen. Ich hätte sie lieber unter den Tisch fallen lassen, aber dummerweise hat Angeline unterwegs alles notiert und besteht darauf, dass ich auch das erzähle. Ich muss gehorchen, schließlich ist sie mein Dosenöffner. Warum erfindet nicht endlich mal einer Dosen, die

Hunde selbst öffnen können? Ich meine, Menschen fliegen zum Mond und schicken wehrlose Hunde ins All, da muss das doch auch möglich sein!

Also ... es war in der Gegend von Kirchberg, wir fuhren auf einem schönen Waldweg. René hat mich aus dem Körbchen gelassen und ist weitergefahren. Normalerweise markiere ich bloß schnell einen Baum, anschließend folge ich meinen Menschen, beziehungsweise überhole sie sogar. Mir ist es lieber, die Schnauze vorne zu haben, und ihnen ist das auch recht, denn dann können sie mich besser im Blick behalten. Aber irgendwie hatte ich nicht mitbekommen, dass Angeline vorausgefahren war. Als ich sie nicht sah, weil der Weg eine Kurve machte und von Bäumen verdeckt wurde, bekam ich Panik. Ich dachte, jetzt ist die weg! Wir haben sie verloren! Mitten im Wald! Was, wenn ein Wolf kommt? Meine Menschin, mein Frauli, mein Ein und Alles! Und René fährt einfach weiter und schert sich nicht drum! Da musste ich doch was unternehmen. Also bin ich umgekehrt und zurückgelaufen, um nach ihr zu suchen.

Als meine Menschen mein Fehlen bemerkten, fingen sie an zu rufen. „Jack! Jaaaack!" Das fand ich verwirrend, denn ich hörte deutlich auch Angelines Stimme, bloß kam sie nicht aus der Richtung, in der ich sie vermutet hatte. Wie angewurzelt blieb ich stehen und sah mich um. Mann, ich kann nur sagen, mein Herz hat geklopft zum Zerspringen. Da kamen sie plötzlich beide angefahren. Himmel war ich froh, dass Angeline wieder da war, ich habe es sogar in Kauf genommen, dass sie mich beschimpft haben. „Wo läufst du denn hin? Jetzt komm´ aber endlich!"

Eine halbe Stunde später das nächste Missgeschick. Wir fuhren auf einem Feldweg. Links der Inn, rechts ein großer Acker. Ich im Körbchen.

Um die Geschichte zu verstehen, muss man wissen, ich bin auf dem Sozius immer angehängt. Meine Menschen behaupten, das sei zu meiner eigenen Sicherheit, aber ich weiß es seit diesem Erlebnis besser. Die wollen bloß, dass ich nicht herausspringen kann! Dieser sogenannte ‚Sicherheitsgurt' besteht aus einem zwanzig Zentimeter langen, sehr festen Lederriemen, an beiden Enden wurde ein Karabiner angebracht. Den einen Karabiner hängen meine Menschen hinten am oberen Rand des Körbchens ein, der andere kommt in den Ring an meinem Brustgeschirr. Als ich noch ein Welpe war, haben sie mich sogar mit einem zweiten ‚Sicherheitsgurt' auch vorne noch angehängt, aber später hielten sie mich für vernünftig genug und verzichteten auf den zweiten Riemen.

Also gut, wir fuhren gemütlich dahin, René und ich vorne, Angeline hinten, da sehe ich plötzlich auf dem Feld zwei Hasen. Das ging mir durch Mark und Bein, wie ein Blitz, der einschlägt. Sehen und springen war eins. Dazu musste ich gar nicht denken, das ist einfach passiert. Bin ja schließlich ein Jagdhund, auch wenn ich total an meiner Bestimmung vorbeileben muss.

Leider hat mir aber der Sicherheitsgurt einen Strich durch die Rechnung gemacht. Jetzt hing ich hinten am Rad und strampelte mit vier Beinen in der Luft. Das muss ziemlich doof ausgesehen haben. Klar, Angeline, die hinter uns fuhr, ist im ersten Moment total erschrocken und hat nur ein Wort gebrüllt: „Stopp!"

René reagierte umgehend und stieg in die Bremsen. Angeline stellte ihr Rad ab, lief zu mir, hat mich mit einem Schwung wieder ins Körbchen gesetzt und im nächsten Moment lauthals zu lachen angefangen. Lachte, und hielt sich den Bauch dabei! Und ich saß bedeppert im Körbchen und starrte den Hasen nach.

Na ja, Schwamm drüber. Reden wir von was Anderem. Zum Beispiel davon, dass wir an diesem Tag einen unfreiwilligen Rekord erbrachten. Wir sind nämlich 74 Kilometer gefahren, das war die längste Strecke auf der Tour und exakt doppelt so viel wie am ersten Tag. Also, zu Hause fahren wir das schon mal, wenn wir den Chiemsee umrunden. Dann haben wir von Haustür zur Haustür beinahe so viel in den Beinen. Aber da sind wir hübsch ausgeruht, haben keinen Anhänger dabei, kein Gepäck und die Strecke ist zum größten Teil schön flach.

Wie gesagt, das war so nicht geplant, eigentlich wollten wir in Kirchdorf übernachten, aber das einzige Gasthaus des Ortes hatte Ruhetag. An der Tür war zwar ein Schild mit einer Telefonnummer und der Aufforderung anzurufen angebracht, aber leider hat keiner abgenommen.

Kirchdorf ist, wie der Name schon sagt, ein kleines Dorf. Eine Kirche, ein paar Häuser drum herum. Fertig. Was blieb uns also anderes übrig, als weiterzufahren. Trotz Hunger, Durst und am Ende unserer Kräfte. Nochmal knapp zehn Kilometer, bis zum nächsten größeren Ort. Das war Obernberg. Ein kleines Städtchen, im Reiseführer als großartige Sehenswürdigkeit angepriesen. Da der Radweg ohnehin durchführt, zumindest, wenn man auf der österreichischen Seite fährt, muss man keinen Umweg machen, um es zu sehen. Meine Menschen waren sich einig: Ein Umweg hätte sich auch gar nicht gelohnt. Einer der schönsten Barockplätze Österreichs, entnahmen sie dem Radreiseführer. Kunstvoll gestaltete Schiffsmeisterhäuser! Häuser mit kunstvoll verzierten Stuckornamenten!

„Stimmt alles", murrte Angeline, „aber der ganze Platz ist mit Autos und Lieferwagen verstellt, Verkehrsschilder drücken sich gegenseitig platt, Werbebanner vor jedem Haus - schade drum!"

Vielleicht lag das mit ihrer negativen Sichtweise daran, dass meine Menschen so müde waren. Mir haben die Verkehrsschilder und Werbebanner nichts ausgemacht. Um ehrlich zu sein, es ist mir eh Wurst, ob ein Haus barock ist oder gotisch, Hauptsache es steht eins da, damit ich es markieren kann.

Geschlafen haben wir in einer Siedlung etwas außerhalb, im ‚Haus Stuttgart'. Das heißt so, weil die Wirtin aus Schwaben stammt. Sie vermietet ein paar Zimmer an Sommergäste. Sommergäste hatte sie aber gerade nicht (war ja auch Frühjahr), also hat sie uns für eine Nacht aufgenommen. Das Zimmer war so klein, dass meine Menschen kaum einen Platz für mein Reisebett gefunden haben, aber für eine Nacht war es ihnen egal, und die Frau Stuttgart war auch wirklich nett und hatte sogar ein Leckerli für mich.

Zusammenfassung der 10. Etappe:

Von Altötting bis Obernberg 73 Kilometer.

Am Marktplatz neben einer sehenswerten alten Apotheke ist die Touristeninformation, dort werden Zimmer vermittelt.

Übernachtung im ‚Haus Stuttgart'. Räder konnten im Garten abgestellt werden, Hund wurde nicht berechnet.

Sehenswertes unterwegs: Marktl und Braunau.

Übernachtet man in Obernberg oder auf der gegenüberliegenden Innseite in Bad Füssing, kann man einen Pausentag einlegen und es sich in den Füssinger Thermen gut gehen lassen.

Ein Abstecher zur Burg von Burghausen (längste Burg Europas) ist möglich – 34,4 km.

Das Ziel vor Augen

Blick auf Schloss Neuhaus am Inn von Schärding aus

Frisch ausgeruht fuhren wir am nächsten Morgen auf der österreichischen Innseite weiter. Ich hatte schon wieder eine Zecke, und wir hatten noch immer keinen Tierarzt gefunden. In Reichersberg ist es uns endlich geglückt. Allerdings war die Praxis so früh noch gar nicht geöffnet. Angeline klingelte trotzdem, und erklärte der Frau an der Tür, dass wir mit dem Rad unterwegs seien und nur ein Zeckenmittel brauchten. Das war kein Problem. Sie verteilte das Zeug gleich auf meinem Nacken, gab mir drei Leckerli und fragte Angeline über unsere Radreise aus. Sie würde das auch gerne einmal mit ihrem Mann und ihrem Hund machen, meinte sie dann, aber leider hätten sie nie Zeit, da müsste sie wohl noch bis zur Rente warten.

„Warum?" Angeline sah sie erstaunt an. „Zwei Wochen Urlaub reichen doch schon!"

„Hm", sie nickte, „da haben Sie eigentlich Recht."

Zum Abschied drückte sie Angeline noch einen kleinen Beutel mit Hundetrockenfutter in die Hand. Mir wäre es lieber gewesen, sie hätte ihn mir persönlich zugesteckt. Beutel bekomme ich nämlich selbst auf!

Bald darauf kamen wir an der Bründlkapelle vorbei. Um sie zu besichtigen, hätte man aber Räder und Anhänger auf dem Radweg zurücklassen und über eine Treppe zum Inn hinunter gehen müssen, das wollten meine Menschen nicht.

Das mit der Treppe blieb uns trotzdem nicht erspart. Irgendwo zwischen Bründlkapelle und einer ‚Tausendjährigen Eiche' überquert man eine Brücke und muss dann über einen Steg, der in eine Treppe mündet, die abwärts führt. Für Radfahrer ist eine schmale Schieberampe eingelassen, aber das half uns mit dem Hänger nicht. Also spuckten sich meine Menschen mal wieder in die Hände. René schob das Rad, Angeline hielt und manövrierte den Anhänger, ich passte auf, dass sie alles richtig machten, und schließlich war das Ding unten.

Meinetwegen hätten sie den Anhänger auch droben stehen lassen und ohne weiterfahren können - aber Sie wissen inzwischen schon, ich werde in solchen Fällen nicht gefragt.

Die 'Tausendjährige Eiche' war wirklich riesig, da hätte ich lange gebraucht, um einmal rundherum zu pinkeln. Sie gehörte zu einem Gasthaus, das aber leider geschlossen war, deshalb konnten wir erst in Schärding Rast machen.

Auch Schärding ist so eine typische Innstadt mit bunten Häusern um einen großen Marktplatz. René, der ja Niederländer ist, fand dass die Giebel aussahen wie die in Amsterdam. Er fühlte sich leicht heimisch.

Ich kann zwar zu jeder Zeit fressen, aber meinen Menschen war es in Schärding noch zu früh. Also stiegen wir nach einer Kaffeepause wieder aufs Rad und fuhren auf der österreichischen Innseite weiter.

Ein paar Kilometer weiter, in einem kleinen Waldstück, blieben meine Menschen plötzlich stehen. Ich wunderte mich, weil sie wie gebannt auf den Weg vor sich starrten und Angeline im Zeitlupentempo nach ihrer Kamera griff. Leider saß ich im Körbchen und konnte von dort aus nicht mitbekommen, was los war. Erst als das Tier sich aus dem Staub gemacht hatte, erfuhr ich, dass sie eine Schlange gesehen hatten. Angeline konnte sie gerade noch fotografieren, bevor sie im Gebüsch verschwand.

Um was für eine Schlange es sich handelte, wussten meine Menschen nicht, jedenfalls war es weder eine Ringelnatter noch eine Kreuzotter. Erst zu Hause haben sie anhand des Fotos herausgefunden, dass sie eine Äskulap-Schlange vor sich gehabt hatten. Die gibt es in Deutschland nur in dieser Gegend, und die Chance eine zu sehen, ist mehr als gering. Umso toller fanden sie es, zumal René ja Homöopath ist und Äskulap-Schlangen als Symbol für die Heilkunde gelten.

„Das kann nur ein gutes Omen sein", meinte Angeline, „ein richtiges Erlebnis!"

Erlebnis? Na ja, wenn sie meint ... für mich allerdings eher nicht. Erstens habe ich sie gar nicht gesehen. Zweitens: Hätte ich sie gesehen, hätte ich sie gejagt. Drittens, ich kann Schlangen nicht ausstehen.

Bei Wernstein haben wir in einer kleinen Kneipe mit Gasthofgarten endlich eine Mittagspause eingelegt, gegenüber, auf der anderen Flussseite, hoch droben auf einem Felsen, thronte Schloss Neuburg. Meine Menschen haben Wasser getrunken und aufs Schloss geguckt, ich habe sehnsüchtig auf ihren Teller gewartet. Wenn sie auch so gut wie alles selbst essen, am Ende fällt doch immer eine Kleinigkeit für mich ab.

Leute, was soll ich sagen. Von diesem Gastgarten bis Passau trennten uns nur noch zehn Kilometer, wir waren also so gut wie da! Das Ziel vor Augen trieb es uns weiter. Noch in Wernstein wechselten wir auf die andere Innseite, dann fuhren wir immer der Nase nach, bis vor uns das Panorama von Passau auftauchte.

Ich kann Ihnen verraten, das war ein erhebendes Gefühl! Von den rund 650 gefahrenen Kilometern bin ich ungefähr 300 gelaufen, manchmal dachte ich, das pack ich nicht mehr. Aber im Körbchen oder Hänger sitzen wollte ich auch nicht, und wenn ich dann lange genug gebettelt hatte, um wieder raus zu dürfen, ging es plötzlich doch wieder.

Elf Etappen, drei Länder, die Alpen überquert (na ja, wenigstens halb), Wasserburg überstanden, und jetzt also hier - DAS WAR EINFACH GROSSARTIG!

Ankunft in Passau bei strahlendem Sonnenschein

Doch die Studenten, die am Innufer in kleinen Grüppchen im Gras herumsaßen, beachteten uns gar nicht und taten, als sei das ein ganz normaler Tag. Niemand hat uns mit Sekt besprüht, kein einziger hat auf der Zielgeraden für uns applaudiert. Und als wir mit stolzgeblähter Brust an der Innspitze standen und zusahen, wie die ‚Innmutter‘, die schäumende, die ‚sich schlängelnde aus dem grünen Garten in den Schweizer Alpen‘, an uns vorbei floss, um sich mit der

,schönen blauen Donau' zu vereinigen, interessierten sich weder Reporter noch Fernsehteams für uns. Trotzdem werde ich diesen Augenblick nie vergessen.

Als wir den erhebenden Moment lange genug genossen hatten, nahm Angeline ihren Reiseführer zur Hand, in dem Unterkünfte aller Art aufgelistet waren. „Fahrradpension Mandl", las sie vor und fügte an: „Die liegt direkt am Hauptbahnhof. Da könnten wir uns gleich noch erkundigen, wann morgen ein Zug geht." René fand das auch praktisch, also rief Angeline dort an und buchte ein Zimmer.

Wir wieder aufs Rad und losgefahren. Die Fahrt von der Innspitze durch die Gassen der Altstadt war für uns eine Sightseeing-Tour. Meine Menschen betrachteten die Häuser, den Dom und solche Sachen, ich die Hunde, die herumliefen.

Eine halbe Stunde später bezogen wir unser Nachtquartier. Bis dahin hatten meine Menschen nicht gewusst, was sie sich unter einer Fahrradpension vorzustellen hatten – jetzt erfuhren sie es. In einem sehr kleinen Zimmer stehen vier Betten an der Wand, das ist alles. Nicht einmal einen Spiegel oder Abfalleimer gibt es. Bettzeug wird zur Verfügung gestellt, man muss die Betten jedoch selbst beziehen. Man kann entweder ein Bett mieten, dann muss man sich das Zimmer mit anderen Leuten teilen, oder man mietet das ganze Zimmer, dann bezahlt man vier Betten und hat es für sich allein. Bad und Toilette sind natürlich auf dem Flur. Im Grunde nichts Anderes als eine Pilgerunterkunft wie die in Altötting.

Okay, alles war gecheckt. Wir also wieder zu unseren Rädern, um das Gepäck abzuladen. Und was mussten meine Menschen da sehen – Angeline hatte einen Platten! Das heißt natürlich nicht sie, nur ihr Rad, aber blöd war das schon.

René untersuchte den Reifen und stellte fest, dass etwas mit dem Ventil nicht in Ordnung war. Er beschloss, sich auf die Suche nach einem Fahrradgeschäft zu machen, Angeline wollte einstweilen die Sachen aufs Zimmer bringen und auspacken was nötig war.

René ging zu Fuß davon, sie nahm die Taschen und trug sie hinauf ins Zimmer, ich trottete hinter ihr her. Die Taschen aufs Bett gelegt, die Betten bezogen, wieder runter – und was glauben Sie ist passiert? Renés Rad war verschwunden!

„Mensch, jetzt hat uns einer das Rad geklaut!", rief Angeline. Sie war ganz blass geworden, starrte auf mein Reisebett, das nebst Sturzhelmen und der Tasche, in der sich meine letzte Dose befand, auf dem Boden stand, und stieß einen herzhaften Fluch aus.

„Mist", dachte auch ich, aber insgeheim war ich froh, dass der Dieb wenigstens meine Abendmahlzeit dagelassen hatte.

Angeline hatte gerade beschlossen zur Bahnhofspolizei zu gehen, als plötzlich René angedüst kam, und zwar auf seinem Rad! „Das gibt's doch nicht!", rief sie ihm entgegen. „Ich dachte, das Rad wurde geklaut und wollte gerade zur Polizei!"

Schuldbewusst sah er sie an und erklärte: „Zuerst bin ich zu Fuß weggegangen, weil ich im Kopf hatte, dass das Rad kaputt ist. Kaum um die Ecke fiel mir ein, dass ja meins noch funktioniert. Also wieder zurück, das Rad genommen. Dann war ich auf halbem Weg, und es schoss mir durch den Kopf, dass du denken musstest, das Rad wurde geklaut. Ich schleunigst umgedreht, na ja, und hier bin ich."

Nachdem der Reifen gerichtet war und ich meine Dose bekommen hatte, haben meine Menschen die

Räder in einer ‚Fahrradbox' verstaut, die zum Zimmer gehört, ein kleiner, verschließbarer Raum, und dann am Bahnschalter Tickets für die Heimfahrt gekauft.

Der Zug sollte von Gleis 6 abfahren. Bedeutet, man muss erst mal eine Treppe runter und bei Gleis 6 wieder eine Trappe rauf.

„Gibt es einen Lift?", fragte René.

„Nein, leider nicht."

Ratlos sahen sich meine Menschen an. Wie bitte, am Bahnhof in Passau gibt es keinen Aufzug? In einer Stadt, in der drei Fahrrad-Fernrouten zusammenlaufen und täglich zig Radler mit ihren schwer bepackten Stahlrössern irgendwohin fahren? Mal ganz abgesehen von Müttern mit Kinderwägen, Menschen im Rollstuhl und Hunden in sperrigen Reiseboxen?

„Ja, aber", sagten meine Menschen, „wir haben einen Radanhänger und schweres Gepäck. Den kriegen wir nicht so mir nichts dir nichts treppab und treppauf."

„Kein Problem", meinte die Frau am Schalter, „wenn Sie morgen um soundso viel Uhr da und dort warten, kommt ein Bediensteter und führt sie über die Gleise. Sie dürfen aber keinesfalls allein über die Gleise gehen, die müssen in solchen Fällen gesperrt werden.

Toll! Die Gleise werden extra für uns gesperrt! Ich war beeindruckt und wedelte heftig mit der Rute (heißt nämlich eigentlich gar nicht ‚Schwanz' bei uns Hunden). Wieder ein Problem gelöst!

Beruhigt gingen wir in die Stadt, setzten uns in ein Straßencafé und ließen anschließend den Abend in einem Restaurant an der Donaulände ausklingen. Dort blinkten über uns die Sterne am nachtschwarzen Himmel (was mich persönlich weniger beeindruckt, aber meine Menschen finden das ‚romantisch'), floss unter uns friedlich die Donau dahin und zog extra für uns ein Candlelight-Schiff vorbei.

Der Abend war perfekt!

Zusammenfassung der 11. Etappe:

40 Kilometer, von Obernberg bis Passau.
Übernachtung in der ‚Radlerpension Mandl' direkt am Bahnhof. Wenn man ein ganzes Zimmer für sich haben will, muss man vier Betten mieten, die Preise sind aber sehr günstig. Für die Räder gibt es Fahrradboxen, in die mit viel Geschick, neben zwei Rädern,

auch noch ein Anhänger hineinpasst. Frühstück kann man in der zugehörigen Bäckerei einnehmen, kostet aber extra, ebenso die Fahrradbox. Hund wurde nicht berechnet. Obwohl direkt am Bahnhof gelegen, keine Lärmbelästigung.

Sehenswertes unterwegs: Kloster und Schloss Reichersberg (direkt hinter der Klosteranlage praktiziert eine Tierärztin), Schärding, Passau.

Die Heimreise

Pünktlich, zur verabredeten Zeit, warteten wir am Morgen auf den Mann, der uns über die Gleise führen sollte. Zwei andere Radler – es war ein älteres Ehepaar - gesellten sich zu uns. Auch ihnen hatte man dieselbe Auskunft gegeben. Doch von einem hilfreichen Bahnbeamten war weit und breit nichts zu sehen.

Die Zeit zur Abfahrt rückte näher, meine Menschen wurden langsam nervös. Schließlich gingen René und der andere Mann zum Schalter, um nachzufragen. Wieder zurück berichteten sie: „Von wegen Gleise sperren, davon weiß keiner was."

Was blieb ihnen da anderes übrig, als die Räder samt Hänger die Treppen runter und drüben wieder raufzuschleppen.

„Und was ist", fragten wir uns, „wenn einer mit einem Rollstuhl von Gleis 6 abfahren will? Muss man ihn dann auch hinübergetragen? Sollte ein Rollstuhlfahrer nicht davon ausgehen können, dass es auf einem Bahnhof dieser Größenklasse einen Aufzug gibt?"

Kaum standen wir mit Sack und Pack auf Bahnsteig 6, kam ein Bahnbeamter in blauer Uniform auf uns zu. Er sah zuerst mich an, dann Angeline, und sagte: „Hat Ihr Hund einen Maulkorb?"

„Nein", antwortete sie, „aber der tut niemandem was."

„Kann sein, doch ohne Maulkorb darf er nicht mit."

Oje, NICHT MIT! Der Mann hatte die schlimmen zwei Wörter ausgesprochen! Mein Herz fing zu rasen an. Was, wenn die mich jetzt hier irgendwo anbinden und ohne mich nach Hause fahren? Solche Sachen hört man ja öfter mal …

Ein paar Sekunden war es mir, als bliebe die Welt stehen, dann hörte ich Angeline plötzlich sagen: „Na gut, dann kommt er eben in den Hänger, sobald wir im Zug sind."

Damit war der Schaffner einverstanden, denn wenn ein Hund in einem Behältnis reist, braucht er keinen Maulkorb. Puh, das war knapp gewesen! Obwohl ich das Reisen im Hänger hasse, war ich in diesem Moment richtig froh, dass wir ihn dabeihatten.

Es war meine erste Reise im Zug. War gar nicht schlimm, mal abgesehen davon, dass ich nicht aus dem Hänger durfte. In München mussten wir umsteigen. Das ging aber problemlos, denn München hat einen Kopfbahnhof, da liegen die Gleise alle auf gleicher Höhe.

Umsteigen in München

Am frühen Nachmittag kamen wir in Übersee an. Also nein, nicht in Amerika, Übersee heißt ein kleiner Ort an der Bahnstrecke München-Salzburg – unser Zielbahnhof. Von dort hatten wir noch sechs Kilometer bis nach Hause.

Ich saß hinten auf dem Sozius und ließ mir die altvertrauten Düfte um die Nase wehen, meine Menschen traten in die Pedale, was das Zeug hergab. Tausendmal hast du dieses vertraute Ortsschild gesehen, die Sportanlage, den Park, in dem du jeden Morgen deine Runde drehst, das rote und das gelbe Haus an der Ecke, die Frau dort drüben im Garten - aber wenn du nach so einer Fahrt zurückkehrst, dann siehst du das alles irgendwie anders!

Klar, denn du selbst bist ja auf so einer Reise irgendwie anders geworden. Du weißt jetzt, dass du das packst. Du hast so viel erfahren und Gegenden kennengelernt, die du mit dem Auto niemals sehen würdest, und du hast Dinge erlebt, von denen du nicht im Traum gedacht hättest, dass du sie erleben würdest. Ich sage nur ,fliegende Eichhörnchen', Äskulap-Schlange oder ein Ei für drei. „Reisen bildet!", sagen meine Menschen immer, und sie haben Recht.

Tipps und Anmerkungen zum Abschluss

Wollen Sie mit dem Zug heimreisen, klären Sie bei Bedarf rechtzeitig ab, ob es einen Aufzug am Bahnhof gibt. Seien Sie rechtzeitig dort, damit Sie genug Zeit haben, Hürden zu überwinden und den Zug nicht versäumen.

Hunde müssen im Zug angeleint sein und brauchen einen Maulkorb, oder sie müssen in einer Reisebox transportiert werden. Als Ersatz für einen Maulkorb gilt auch ein sogenanntes ‚Halti'. So ein Kopfhalfter ist für die Hunde leichter zu akzeptieren.

Kleine Hunde (bis zur Größe einer Hauskatze) können im Transportbehälter unentgeltlich mitgenommen werden, sie gelten als Handgepäck. Für größere Hunde müssen Sie bezahlen! Auskünfte finden Sie im Internet unter:

- Hunde und andere Haustiere im Zug mitnehmen
- Vier Pfoten - mit Hund in der Bahn

Anmerkung: Dieses Buch wurde 2013 unter anderem Titel bei Klarant veröffentlicht und ist dort vergriffen. Im Januar 2017 haben wir es in überarbeiteter

Fassung in unserem Verlag neu aufgelegt und im November 2021 überarbeitet. Alle Angaben wurden überprüft und sind zum jetzigen Zeitpunkt noch relevant. Dennoch erfolgen sie unverbindlich und ohne Gewähr.

Wenn Ihnen unser Ratgeber gefällt, freuen wir uns über eine positive Bewertung. Sollte Ihnen etwas nicht gefallen oder haben Sie Vorschläge zur Verbesserung, setzen Sie sich bitte mit uns direkt in Verbindung.

Via Internet oder per E-Mail: info@by-arp.de

Falls Ihnen unser Buch Lust aufs Radwandern gemacht haben und Sie selbst eine Radreise planen, empfehlen wir Ihnen diesen Ratgeber.

Unterwegs allein, in der Gruppe oder mit der Familie.
• Mit Hund oder Baby im Anhänger.
• Ausführliches Kapitel über Möglichkeiten der Anreise und Rückführung der Räder im In- und Ausland und was Sie über das richtige Rad, das passende Gepäck und die passenden Reiseutensilien wissen müssen.

SBN Print: 978-3-946280-62-0 / Preis € 8,99
ISBN E-Book: 978-3-946280-61-3 / Preis € 4,99
ASIN: B0848HM8WC

Weser – Elbe – Weser-Harz-Heide -
Drei Radfernwege zu einer Radreise zusammengefasst
ISBN Buch: 978-3-946280-67-5
ISBN E-Book: 978-3-946280-66-8 / ASIN : B08RYYVDRN

Reiseführer

Cres und Lošinj
ISBN Buch: 978-3-946280-54-5
ISBN E-Book: 978-3-946280-53-8
ASIN: B07B8NRDL2

Kreuzfahrt Madeira & Kanaren
ISBN Buch: 978-3-946280-26-2
ISBN E-Book: 978-3-946280-34-7
ASIN: B01F3STFFE

Krk -
ISBN Buch: 978-3-946280-17-0
ISBN E-Book: 978-3-946280-12-5
ASIN: B017WDI53G

Sevilla -
ISBN Buch: 978-3-946280-22-4
ISBN E-Book: 978-3-946280-09-5
ASIN: B015WKTK8K

Amsterdam –
ISBN Buch: 978-3-946280-21-7
ISBN E-Book: 978-3-946280-04-0
ASIN: B015WKTX8W

Salzburg -
ISBN Buch: 978-3-946280-24-8
ISBN E-Book: 9783946280019
ASIN: B0158B5ZC

Kopenhagen -
ISBN Buch: 978-3-946280-25-5
ISBN E-Book: 978-3-946280-03-3
ASIN: B015D045U2

Avignon -
ISBN Buch: 978-3-946280-49-1
ISBN E-Book: 978-3-946280-48-4
ASIN: B074C61QS5

München –
ISBN Buch: 978-3-946280-28-6
ISBN E-Book: 978-3-946280-29-3
ASIN: B01NH9HJPM

Prag -
ISBN Buch: 978-3-946280-20-0
ISBN E-Book: 978-3-946280-08-8
ASIN: B015WKTUNU

Venedig -
ISBN Buch: 978-3-946280-19-4
ISBN E-Book: 978-3-946280-10-1
ASIN: B015WKU1I8

Nürnberg -
ISBN Buch: 978-3-946280-18-7
ISBN E-Book: 978-3-946280-00-2
ASIN: B015WKTUNU

Danzig -
Buch - ISBN: 978-3-946280-23-1
ISBN E-Book: 978-3-946280-06-4
ASIN: B015WKTRA6

Trier –
ISBN Buch: 978-3-946280-36-1
ISBN E-Book: 978-3-946280-35-4
ASIN: B01IDCGDES

Ratgeber

Die Holunderküche –
ISBN Buch: 978-3-946280-40-8
ISBN E-Book: 978-3-946280-11-8 / ASIN: B017WCDE1

Von Trennung, Tod und Trauer – Angeline Bauer
ISBN Buch: 978-3-946280-32-3
ISBN E-Book: 978-3-946280-02-6 / ASIN: B015D045U2

Angst überwinden und stark sein – Angeline Bauer
ISBN Buch: 978-3-946280-31-6
ISBN E-Book: 978-3-946280-05-7 / ASIN: B015WKTRYW

So finde ich mein Glück – Angeline Bauer
ISBN Buch: 978-3-946280-30-9
ISBN E-Book: 978-3-946280-07-1 / ASIN: B015WKTWRY

Können Igel fliegen?
Alles, was Kinder über Igel wissen wollen
ISBN E-Book 978-3-946280-68-2
ISBN Buch 978-3-946280-69-9 / ASIN:B094NGBW6J

'Lesefutter' aus unserem Verlag

Perle aus der Hundefabrik – Angeline Bauer
Acht berührende Hundegeschichten
ISBN E-Book: 978-3-946280-74-3
ISBN Buch: 978-3-946280-75-0 / ASIN: B0BKH23GK9

Verhängnisvolle Liebe einer Hofnärrin – Angeline Bauer
Historischer Roman
ISBN Buch: 978-3-946280-70-5
ISBN E-Book 978-3-946280-71-2 / ASIN: B09NW7T162

Mord mit Herz - Ronda Hendrikus
Acht Ladykrimis für zwischendurch
ISBN E-Book: 978-3-946280-13-2 / ASIN: B0182GC8JY

Verlorene Töchter - Ronda Hendrikus
Sieben Ladykrimis für zwischendurch
ISBN E-Book: 9783946280415 / ASIN: B01MSY9JRO

Cognac mit Schuss - Ronda Hendrikus
Acht Ladykrimis für zwischendurch
ISBN E-Book: 978-3-946280-15-6 / ASIN: B018K9SH16

Geliebter Mörder - Ronda Hendrikus
Sieben Ladykrimis für zwischendurch
ISBN E-Book: 978-3-946280-14-9 / ASIN: B018K9SV76

Seine letzte Bahnfahrt - Ronda Hendrikus
Neun Ladykrimis für zwischendurch
ISBN E-Book 978-3-946280-63-7 / ASIN: B088HGHVB6

Oje, du fröhliche … - Friederike Costa
Vierzehn Weihnachtsgeschichten
ISBN E-Book: 978-3-946280-16-3 / ASIN: B018UJZF8E

Oma, hast du Strapse? - Friederike Costa
18 Kurzgeschichten für Frauen im besten Alter
ISBN E-Book: 978-3-946280-37-8 / ASIN: B01LF7QIWK

Liebe süß und scharf – Friederike Costa
13 Kurzgeschichten mit Rezepten
ISBN E-Book: 9783946280422 / ASIN: B01N7K6FQN

Im Feuer der Liebe – Lina-Sophia Clement
Historischer Liebesroman
ISBN E-Book: 978-3-946280-52-1 / ASIN: B075CMT4X8

Die Liebe einer Königin – Lina-Sophia Clement
Acht historische Kurzromane
ISBN E-Book: 978-3-946280-55-2 / ASIN: B07CK7MSVT

Schokolade für die Liebe – Lina-Sophia Clement
Sieben historische Kurzromane
ISBN E-Book: 978-3-946280-56-9 / ASIN: B07F6XZ7KF

Tausend Sterne über der Wüste – Lina-Sophia Clement
Acht historische Kurzromane
ISBN E-Book: 978-3-946280-57-6 / ASIN: B07K6JDNNL

Die Tanztruppe vom dritten Stern rechts – Angeline Bauer
Jugendbuch – Ballett
ISBN Buch: 978-3-946280-73-6
ISBN E-Book: 978-3-946280-72-9 / ASIN: B0B8VSRR31

Literaturpreis Grassauer Deichelbohrer
33 Kurzgeschichten zum Thema NÄHE
Buch   - ISBN 978-3-946280-60-6
E-Book - ISBN 978-3-946280-59-0 / ASIN: B07YVD2K2P

Literaturpreis Grassauer Deichelbohrer
30 Kurzgeschichten zum Thema GEHEIMNIS
ISBN Buch: 978-3-946280-65-1
ISBN E-Book: 978-3-946280-64-4 / ASIN : B08JZC34M1

Und mehr - unter www.by-arp.de